心智圖

全新增訂版

超‧簡‧單

胡雅茹 著

一張紙、一枝筆／教你如何繪製有系統的心智圖

晨星出版

目 次
CONTENTS

① 認識心智圖
Chapter

② 心智圖的思考功能
Chapter

③ 手繪心智圖的步驟圖解
Chapter

Chapter

心智圖實務運用

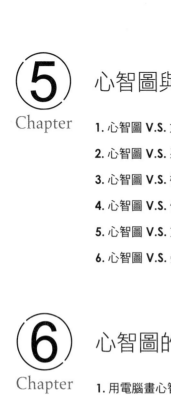

⑤ 心智圖與其它圖表有何不同？

Chapter

⑥ 心智圖的問與答

Chapter

⑦ 我們從心智圖得到的好處

Chapter

用心智圖掌握學習的藝術

臺北市立大學歷史與地理學系教授　徐榮崇

　　喜歡學習嗎？不管喜不喜歡，人們的一生，對物質與精神上的追求，絕對脫離不了學習！學習充實了生活，也豐富了生活，但學習不僅是一門藝術，更需要許多良好的技術。現下的教育，多元且日新月異，以需求為目標的學習，才是最有意義的學習。如何尋找出適合而且有效的學習途徑，就成了追逐完滿學習的重要課題。

　　其中，最為人所熟稔的學習認知，莫過於理解大腦的能力與需求，Mind Map 的發明，剛巧充分給予並滿足了視覺學習型、動覺學習型、聽覺學習型的不同需要。

　　學習必須運用大腦的功能來完成，而大腦有哪些功能呢？最重要的是思考、分析、理解，除了聽覺以外，還有觸覺、味覺、嗅覺、視覺。使用全部的大腦功能再透過思考與分析，把學習的內容加以轉換理解，使學習變得很特別、很突出、很有意義。

　　學習時能有系統的分析並濃縮資料，找到資料的精髓，發現學習的關鍵，有系統的指出重點。因為這些重點，是透過自我的整理，印象深刻，自然就輕鬆習得了。濃縮了大量資料，再釋放大量資料的過程，可以將學習所得放在長期記憶之中。平時透過這些重點的提示，就可以回憶出相關的學習歷程，而做到百分之百的學習。

換句話說，Mind Map 心智圖的主動學習法，就是在教導人們自我整理學習的方法。學習必須自己整理重點，才能去蕪存菁，順利吸收到學習的知識。

著名腦力開發權威 Tony Buzan 從小就一直思考著，為什麼有的人可以事倍功半，但有些人卻總是事半功倍。經過多年的研究及實務經驗，終於得到一個結論：關鍵在於是否能正確使用有著無限潛能的頭腦。

於是，在不斷思考研究後，Tony Buzan 發明了心智圖的技巧，並在 1974 年出版了《頭腦使用手冊 Use Your Head》，向全世界介紹此一了不起的腦力潛能開發技巧。它運用到左右腦全部的功能，包括右腦的韻律（Rhythm）、色彩（Color）、空間（Space）、影像（Imagination）、幻想（Day Dream）、整體（Global）及左腦的表單（List）、文字（Word）、數字（Number）、行列（Line）、順序（Order）、邏輯（Logic）。就好比是頭腦裡一張活絡而清楚的地圖，繪製著詳細的道路。

透過 Mind Mapping，不僅可以提升人們的大腦思考能力，更有助於學習力深度與廣度的延展與提升。

認識胡老師是在一個偶然的機會。直覺她是一位十分聰明且衝勁十足的動腦老師。曾拜讀過幾本她的作品，她不時致力於開發及引進新穎而有益的學習方法，更可以把心裡想的事情有條不紊畫出來，真是厲害，令人稱羨。此次有機會為她寫序，雖然很忙，但也要搏一搏可能因熬夜而引發高血壓的危險，為她寫序。

此次所著《心智圖超簡單》一書，更是鉅細靡遺、淺顯易懂，由基礎必要的理論著手，循序漸進的指導讀者習得心智圖的操作方式，讓每位閱讀此書的人都能「快樂學習、快速運用、聰明生活」。

對於喜歡學習的人，可以藉由此書獲得更有效率的學習方式；對於苦於學習而找不到方法的人，可以在閱讀完此書後，找到學習的樂趣；對於不愛學習的人，更可以在書中發現更多學習的意義。好讀書不如讀好書，好書不只是知識的傳遞，更能啟發更多技能的轉移。

容易上手、大大好用的心智圖

前聯華電子副總經理、品質經理人協會理事長　吳英志

　　心智圖（Mind Map）是國際著名腦力開發權威 Tony Buzan 在 1974 年出版的《Use Your Head》一書中，正式將這個腦力潛能開發的工具介紹給世人，本書作者胡雅茹老師一直在從事學生學習能力的訓練與強化工作，她發現心智圖有強化學習能力的功效後，就一頭栽進心智圖推展與教育訓練的工作。

　　胡老師曾任成都廣諭婦幼健康服務有限公司的總監、青島華人思維學院校長、華人思維學院大中華區總監、柏麥思企管顧問股份有限公司教務長、行政副理、高階講師、師資班講師等工作，目前擔任廣翰思惟國際教育機構的教育長，之前曾在海峽兩岸出版過數本關於增強學習能力的書，包括：《心智圖閱讀術》、《眼腦直映快讀法》、《心智圖筆記術》。胡老師獻身教育且熱心教育，曾獲頒 2007 北京中國教育學會一等獎，此次她特別將幾年來教授心智圖的心得及成果整理成這本《心智圖超簡單》，希望透過本書嘉惠更多對心智圖有興趣的讀者。

　　在本書中胡老師從大腦的思考原理先談起，同時介紹心智圖如何提升我們的思考能力，接著說明繪製心智圖的步驟及注意事項，並舉出四類實務運用的例子，最後分別談到中小學生及成年人使用心智圖的驚人效果，並貼心地附上相關參考書及軟體介紹。

　　胡老師在書中將心智圖歸納為四類，並各引用非常多的實例來說明解釋，包括用「創造型心智圖」腦力激盪、產品開發、活動企劃及未來目標的訂定；用「整理型心智圖」做分析、歸納；用「提示型心智圖」擬訂作文的大綱及演講的提詞；用「溝通型心智圖」做自我介紹及會議簡報，讓讀者覺得淺顯易懂並容易下手練習。

　　本書的內容很容易瞭解，若急著想學會繪圖，可先閱讀心智圖繪製步驟及繪圖技巧的注意事項，並參考隨後四類心智圖的範例，試著畫出自己的第一張心智圖。要知道，實際動手畫過，才能真正達到快速學習的目的哦！

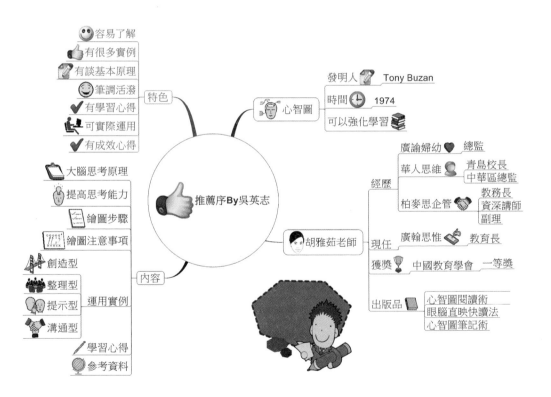

推薦序

快樂學習、快速運用、聰明生活

輔仁大學織品服裝系副教授、服飾行銷組前執行長　李俊格

　　我很喜歡「緣」這個國字和概念，它代表著圓滿和喜樂，點出我對生活與人際的樂觀看法。胡雅茹在輔仁大學織品服裝系求學時，曾修讀我講授的行銷學課程，從此結下師生「緣」。她在畢業後即從事紡織業約七年，因「緣」際會轉入教育界開班授徒，傳授速讀訓練、加強記憶、和超強學習的方法，經過多年的教學和體驗，並歸納心得，先後撰寫幾本相關主題的好書，各方佳評如潮，兩岸幾所大學院系也極力推薦為優良創意教材及指定用書，現在再度出版《心智圖超簡單》獻給廣大的讀者群結「緣」分享。

　　書名「心智圖」，顧名思義就是應用繪製圖像作為思考的工具，用來快速有效的處理外部進來的訊息，形成大腦的智慧。每個人看到的事物都是以影像來呈現，如果可以將各種訊息編碼成相同含義的圖畫、文字、符號、形象、顏色等視覺表現，則更容易能輔助訊息的選擇、登錄、邏輯、聯想及創造，並完成溝通及記憶的過程。

　　本書針對各種生活或工作的情境，提出一系列包括小朋友實務製作的「心智圖」範例，分別解說並分析其優缺點。「超簡單」則提醒讀者這是一本容易閱讀及學習的書，先從基本的概念，循序漸進詳細說明「心智圖」的使用方法，不論小學生或成人都能即時應用。我們都曾經

歷過瘋漫畫和愛卡通的童年，也能順手模擬劇中主角造型偷偷畫上幾筆，當你翻閱本書類似漫畫而且非常有趣的「心智圖」時，親切感油然而生，你會不自覺地想馬上動手畫看看。

作者首先逐步詳細說明繪製一張系統化心智圖所需的準備工作和基本技巧，包含如何挑選適當的筆和紙張、設定構圖的主題、排列的形狀、分支和線條、閱讀的順序、字體的大小；還有色彩的影響、插圖的運用、符號的意涵、關鍵字詞的選擇、層次的安排等。然後針對不同的生活情境使用不同的「心智圖」技巧。

例如「創造型心智圖」用來處理資料不足或未知的管理事務，完成後可形成思考的軌跡，使用時機為腦力激盪，或用於新產品開發案，各項活動企劃及目標設定等。「整理型心智圖」則將現有的資料整理出合乎邏輯、可以運用的資訊，通常應用在規劃行事曆、整理閱讀筆記或聽講筆記等。「提示型心智圖」方便在演講時提示綱要與內容，或準備撰文寫作時提示大綱及方向。「溝通型心智圖」用於當雙方面對面還沒有產生共識時，作為溝初步溝通的工具。如在做自我介紹，或構思開會議題等時機。

記得在我上大學的那個年代，很多課程的參考書籍是英語原文。上課時怕會漏掉教授講解的重點，班內同學都會勤做筆記，然後互相核對，並整合成該科的考試必讀終極版。當時速記是人人要勤練的真功夫，每位學生都有一套自己上手的記錄資料方式，當然沒有所謂的「心智圖」的概念。現在為人師表，站在講台上傳道授業侃侃而談，最近才發現很多學生不整理課堂重點，而用隨身手機或小型相機面對著我拍攝簡報投影片或黑板上的補充說明。我不太習慣這種懶人複製法，沒經過大腦思考處理的資料，怎能轉成可理解的資訊。如果能善用本書「整理型心智圖」的方法，在繪圖記錄演講的主脈絡及關鍵字的同時，也可清楚聽取授課內容，這張「心智圖」更方便課後的詢問及討論。

我教過大學時期的胡雅茹，現在她出這本書，教我如何以圖像來處

理邏輯思考和整理思緒的技巧。在寫這篇序的當下，我就是活用「提示型心智圖」來擬定預想的綱要及內容，邊想、邊看、邊畫，就是這麼簡單有趣。如果你認為「活到老，學到老」是一種生活的態度，每天都有新的生活體驗等著你去解讀，那你就需要「心智圖」加速學習效果。

　　這是一本圖文並茂且生動活潑的生活手邊書，適合八歲到八十歲願意快樂生活的人類，當你閱讀完本書並且配合各種生活情境學著一起來塗鴉，不斷的練習，相信一定可以達到作者所期望「快樂學習、快速運用、聰明生活」的目標。

心智圖能有效助您思考，進而成功！

諳芮勞務管理有限公司勞動法令專家　陳瑞珠

　　我的勞務管理工作主要是以輔導企業、制定相關人事管理規章，以及處理有關違反勞動法令之勞資爭議個案為主，需要不斷地與企業開會制定策略，或與個案協調及溝通。協調溝通的專業基礎在於對法源的熟悉與策略的運用，以及實務經驗的掌握，思考自然也就是工作中每天都在進行的進行式＋未來式。《孫子兵法》中也有提到：「謀定後動，才能克敵致勝。」訓練思考、懂得思考、喜歡思考，運用在工作上才能沉穩，不致犯錯或做出錯誤決定，再嚴重一點也可能出現無法挽回的局面。

　　沒有經過思考而率性行事，往往得不到自己預期想要的結果。不管是在工作上、生活上、在子女的教育上，相信讀者和我都會有很多的經驗與經歷。

　　我們的大腦就如同肌肉，越使用越快，越使用就會越靈活，就會越變越聰明。

　　《心智圖超簡單》真的是一本寫得很棒的工具書，教你怎樣運用你的大腦，不管是在學習、在溝通、在創意、在邏輯思考上，都是有方法可以讓我們的大腦運用地更有效率。

　　胡雅茹老師的教學就常常強調──學習思考不能隨便亂學一通，要

先弄清楚大腦的運作原理，就不會天馬行空，不著邊際，否則反而是更浪費時間。我也認為人人都應該把自己的時間投資在如何讓思考更有效率，凡事要學習思考，要先按耐著我們這身所謂臭皮囊的「個性」，稍安勿躁別急著行動。因為先有思考再去行動，就不會像無頭蒼蠅亂飛，或六神無主，反而把時間浪費在行動後的不良效應，與不斷重複的修正或挽救頹勢上。

很開心雅茹老師把這種西方人創造的思考工具，根據東西方文化的差異，在課程內容上切切實實的在地化、本土化，讓台灣人有幸能以本書的內容去加強自己的思考能力。只要你想要改善生活品質、增進人際關係、提昇工作績效、提高學習成果、解決問題，就從學習「思考」開始。

如何學習「思考」，這本書簡明扼要的表達方式，可以讓你發現其實：「心智圖超簡單！」

深入淺出的心智圖，實在好用

美商保德信人壽行銷企劃部專案副理　譚宥宜

身處資訊爆炸的時代，如何去蕪存菁是許多學習者的困擾。我喜歡吸收新知識，但好好看完一本書並且內化的速度，永遠追不上買書的速度。為了將時間運用最大化，我摸索過許多方法。曾經試聽過坊間的記憶訓練課程，感覺卻像在參加魔術訓練班，技法很炫，但始終像是外行人看熱鬧。此外，我閱讀了「10 倍速影像閱讀法」，還琢磨了心智圖發明人──東尼布贊（Tony Buzan）的著作，知道速讀與心智圖的確可以幫助大腦 CPU 升級，但究竟要如何運用在實際生活中，我卻是一知半解。

直到我遇見 Monica 胡，學習的難題終於迎刃而解。Monica 胡以教練自居，《心智圖超簡單》堪稱是結合她多年寶貴教學經驗的心智圖操作手冊。心智圖其實是一種整理的藝術。就像家中的衣櫃如果分門別類、井然有序，你總是有辦法在出門約會前幾分鐘，找到需要的那件衣服。進入大腦的知識，也需要先做分類歸檔的動作，藉此來減輕記憶力的負擔。需要的時候，隨時可以輕鬆從大腦的「知識櫃」，找到你要的資訊。

畫心智圖真的很簡單，只要有幾支色筆還有開放的心態，就可以動工了。

　　許多人跟我一樣，不知道自己早已掉入線性、垂直思考的陷阱。Monica 在書中建議大家練習「水平思考」，也就是你可以放心拋開邏輯的束縛，進行跳 Tone 的聯想。在空白的紙上寫下你腦中吸收到的訊息，接著慢慢透過分支、聯想與串聯，由上到下，由左而右拉出一張立體的知識網絡。這張網絡可以隨著腦力激盪，不斷拉大張力。知識並非是平面的。心智圖反映的知識，又深又廣。大腦肌肉遠比你想像的更有力量。

　　坊間許多討論心智圖的書，給的多半是「完美」的範例。但在《心智圖超簡單》這本書裡，Monica 透過許多學生的實際作品，引導初學者跨過學習障礙，教你一步步摸索出「個人化」的知識整理術，提昇大腦的工作效率。

　　心智圖除了可以簡單學，應用範圍也很廣泛。不管你是要應付考試、準備會議簡報，甚至是看完電影後回味故事情節、深夜裡寫日記，或是去大賣場採買前擬定購物清單，都可以拋開過去的條列方法，試著畫張你個人才可解碼的心智圖，親身感受它的強大力量。

　　我是演講協會的成員，過去光是背講稿，就要花掉好幾個小時，甚至得反覆演練。但在拜讀 Monica 這本新書後，我試著在寫完講稿後，畫了一張心智圖。沒想到邊看著這張心智圖，邊演練講稿內容，竟然只花十分鐘，就完全記住講稿內容。上台演講時，我把這張心智圖放在前面的桌子，偶爾瞄一眼。我沒有忘詞，順利完成演講，這張心智圖還引起其他人的好奇，紛紛問我「心智圖」是什麼？

　　如果你也想升級你的大腦 CPU，了解心智圖的藝術，你需要 Monica 這位好教練，還有這本深入淺出的實用操作手冊。

作者序

心智圖讓大腦啟動正向循環

胡雅茹

　　我用三個心智圖高手的生活小故事，粗淺地讓你知道，學會了心智圖，可以達到哪些出乎意外的效果。

【像小喵一樣「洞燭機先」】

　　2009 年小喵剛結束駐點國外的工作回來，還在享受無所事事的空白生活，所以總跟可以講真心話的朋友天南地北地聊。

　　小喵說：「我覺得還是不要買房子好了，看了很多統計數據，台灣房價未來應該會下跌才對，就等房價跌夠了再買就好。」

　　小鳳說：「台灣房價怎麼可能下跌啊！現在房子漲翻天，二十年前懂得去買房子的人，二十年來靠房子賺的錢都比二十年的薪水還要多、又輕鬆。他們都用房子滾出很多房子了，還變成包租公，子孫就靠這些祖產過生活就好了，不只兒子不用工作，連孫子也都不用工作了。」

　　小喵說：「從現在來看以前的經驗，確實是這樣的，但未來可就不會這樣囉，想靠房子不愁吃穿的時代過囉，以後買房

子大概只有套牢的可能了。我看了很多資料，覺得未來在台灣買房子只能套牢而沒有解套的機會，可能性很高。」

　　小鳳說：「那我們這一代看不到，至少要三十年後才會發生這種事情。」

　　小喵嘴裡說：「是啊，大概要三十年後才會發生。呵呵呵！」但心裡卻想：「根本不用三十年後就會發生啊，你怎麼就是不願意相信科學統計資料，而只相信電視上或街坊鄰居轉述的第二手或第 N 手資料？算了，反正事情還沒發生，怎麼說你也不會相信的，就算你真的相信了我講的趨勢，也不會對我有什麼好處的。有些錢沒賺到，令人惋惜，但有些錢賠到了，卻要心痛很久。我也不用在這件事情上跟你爭論下去，先附和你好了。」

　　這段對話結束後，因為歐美日三國實施量化寬鬆貨幣政策與台灣央行降息的關係，房價確實漲翻天，但在 2014 年到達最高點後反轉下跌，截至 2018 年初媒體仍未出現房價已經止跌回升的論述。

【像小吉一樣「參透機關」】

　　對於身處工作中的人，常有一種疑惑或稱為焦慮，覺得自己的表達溝通「應該可以」或是「應該要」再提升，於是開始搜尋坊間哪裡有教導口語表達的課程。小楊便以是心理學為號召而開設口語表達課，也算小有名氣。

　　小吉很優雅地拿起了咖啡杯，用很溫柔、很平靜地聲音對我說出這段故事。

　　小吉說：「你還記得小楊嗎？我曾經到小楊公司去上心理學的溝通課程耶！」

　　我瞪大眼，詫異地說：「什麼！你哪還需要上什麼溝通課？你自己的業績好得嚇人，已經很會溝通了，怎麼會想去上溝通課呢？

　　而且你不是也知道小楊都是叫太太專在網路上寫改編的假故事來吹捧自己，把自己包裝得很偉大、很厲害。你早就知道小楊其實是灌水的料，怎麼還會想去上小楊的課呢？」

　　小吉說：「我本來就沒想過要去，是因為小楊打電話給我說要買房子，所以我才跟他們碰面。但整個見面過程，我感覺到小楊並不是真的要買房子，似乎是利用這種說法為誘餌來跟我碰面，目的是要我去上他開的溝通課。於是就懷抱著一種『我沒有需要，但是去看看你在搞什麼鬼』的心態報名參加，上完課後我當然毫無意願要繼續上其他的心理學課程囉。」

　　說到這裡，小吉立刻張大了雙眼用高八度的聲音問我：「你知道小楊一直都是用什麼方式來吸引學員繼續報名上其它心理學的課嗎？他都是以課後服務的名義，打電話給學員，實際上是要推銷後續的課程。小楊後來打電話給我，就不斷地說出我有哪些問題，所以需要再上哪些課程。我才不吃這一套，就直接說：『原來我活了幾十年都是白活了，我在你眼中是這麼糟糕的人啊！一點優點都沒有！』

　　小楊聽到我這樣講，敷衍地講了幾句好聽的客套話，就草草結束掛了電話。」

　　聽到這裡，我忍不住地哈哈大笑並插嘴說：「拜託！不是教溝通的嗎？居然從頭到尾一直講缺點而沒有講對方的優點。」

　　小吉用又無奈又諷刺的口氣說：「對啊，我跟很多朋友講這個故事，大家都跟你一樣的反應，都說：『不是教溝通的嗎？』可見小楊根本就不懂得溝通，肚子裡沒有東西，只是很

會包裝自己來賺錢。」

　　我心有戚戚焉地說：「當有人告訴你：『你就是因為沒有○○，所以需要◎◎的商品或課程或組織。』我們得牢記一句話：『恐懼是最好用的騙術！』」

【像小虎一樣「一針見血」】

　　小劉請教已有二十年銷售會員卡經驗的業務前輩小虎說：「現在景氣不太好，業績不好拉高，我想要透過寫一本業務訓練的書來增加個人收入，你覺得呢？」

　　小虎說：「你也才三年經驗，雖然業績算前 20％，但是你確定你寫的書深度夠嗎？」

　　小劉說：「這很簡單啊。我看了很多關於業務銷售的書，可以把很多人的東西拿過來，加入我的經驗後重新排列組合，就能組合出一本自己的書啊。」

　　小虎說：「你真的覺得書的內容這樣就夠了？」

　　小劉說：「我看很多人寫的業務銷售書都是這樣啊，把一些書的內容這本取一部分，那本取一部分。反正很多消費者自己不愛看書，又只想要貪方便不動腦，那些懶惰的人不會知道這些書的內容其實是東湊西湊來的，他們也沒有能力去分辨內容的真實或好壞，只會看網路上的片段篇章寫得聳動驚人、找來寫業配文的網紅名氣大一點、臉書上分享的人數多一點或是按讚次數多一點，就有羊群效應的網友會跟風地說：『這本書很好』。可見我只要把這本書的廣告包裝好，就能像我剛剛講的那些書一樣獲利了。」

　　小虎說：「你覺得世界上還需要再多一本這種東拼西湊的爛書嗎？」

小劉被問得啞口無言。

小虎繼續說：「景氣不好，你這個『另闢財源』的念頭沒有錯，但別人做某件事，或許有好結果，或許也沒有什麼壞結果，難道就表示『我們跟著照做』的決定就是對的嗎？你也跟你剛剛口中的網友一樣，落入了便宜行事的決策思考啊！」

上述三個故事的主角，都是在填鴨式教育與缺乏人生目標的情況下，人云亦云地一路往前走，一步步過關斬將地長大的。他們離開學校後，才發覺學校的學習（考試）其實很簡單，只要背下標準答案並且寫出來，就能過關。

真正的學習是在生活中，但是生活並沒有給我們一本標準作業流程或是標準答案，要學習的數量是又多又快又變化多端，多數人都覺得工作與生活上的學習是很辛苦的一件事情。

幸好他們跟我一樣，很早就認識了英國 Tony Buzan 所發明的好方法，讓我們在「生存領域」中如魚得水，同時也開始悠游於「生活領域」中。

「快樂學習、快速運用、聰明生活」這三句話是我使用心智圖後的收穫，也是我在心智圖課程上自始至終的教學理念。

我在心智圖領域已經有二十多年的教學經驗，現在把「學到──做到──跨界運用」的過程中所遇到的常見情況與心得，彙整在這本《心智圖超簡單》中分享給大家。

快來使用心智圖！ Step by Step 讓動腦關鍵開始啟動正向循環吧！

Chapter

認識心智圖

- 發明過程
- 提升邏輯力
- 加快學習速度
- 知名企業與教育團體皆廣泛應用
- 掃除盲點、激發潛能
- 提升「理解記憶」能力
- 可運用於 **95%** 的領域
- 你非會心智圖不可
- 輕鬆「贏」戰 **AI** 人工智慧時代
- 符合記憶原理的學習方式
- 提升溝通效率的有效方式

1・發明過程

心智圖是由英國的腦力開發專家東尼・布贊（Tony Buzan）於 1970 年代發明的思考工具與筆記技巧。

Tony 在大學時曾經把 100 頁左右的筆記，簡化成只有 10 頁的關鍵字，然後再整理成 5 至 6 張的資訊卡，努力想要記住所有資訊卡上的內容。

但是大學裡要學的知識很多，大腦無法消化所有內容，因此 Tony Buzan 開始思考如何讓自己記住所有資訊，及如何開發大腦的潛能，終於在 1974 年出版的著作《Use Your Head》中開始講述腦力開發的技巧。

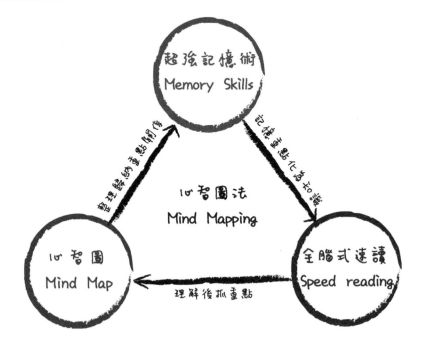

Mind Mapping 在台灣被翻譯成「心智圖法」，Mind Mapping ＝ Memory Skills 超強記憶術＋ Mind Map 心智圖＋ Speed Reading 全腦式速讀（眼腦直映快讀法）。

Mind Map 在台灣多數被稱之為心智圖、心智繪圖、腦圖、樹狀圖，在中國大陸多被翻譯為思維導圖。

2 · 提升邏輯力

上述的三大技法，正是對應學習某項知識的動腦關鍵：吸收——整理——記憶。

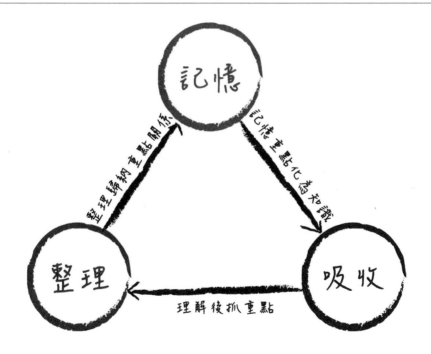

吸收好，就能抓到關鍵重點，關鍵重點掌握好，在整理文章或事物的邏輯脈絡時能更清晰的見樹又見林，接著只要將彙整後的重點與邏輯關係記憶在腦海中，自然能化為背景知識，以後遇到該領域相關內容，自然能進行更好的吸收，啟動正向循環。

這三大動腦關鍵是環環相扣的，其中一項不好，會連帶拖累另兩項的效果，過去常有人誤以為自己是記憶力不好而來找我求救，經過我的觀察分析後才發現，他其實是吸收時不會抓重點，或是無法整理重點間的邏輯關係而影響記憶的正確性。

心智圖可以解決這兩個問題點：1. 吸收時不會抓重點。2. 無法整理重點間的邏輯關係。

3·加快學習速度

學習目標，是要依照學習階段（流程）來設定的。

請看下頁圖，從左到右的流程，就是由淺到深的學習目標。前面所提到的小故事，皆是達到「通達事理」的階段。

我們可以透過心智圖快速縮短學習流程的時間。

學會了心智圖這種創意與邏輯兼具的思考方法，你必定會增加思考的廣度與深度，加快思考的速度與靈活度。在人際溝通、問題解決、創意提案、工作執行等等，可以抓住關鍵重點，自然可以更進一步地省下不少工作時間。

學習流程、目標與手法

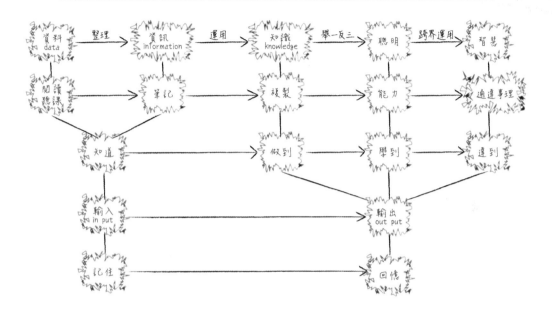

4・知名企業與教育團體皆廣泛應用

❶ 容易縱覽全局，不再見樹不見林

心智圖整體的結構，讓使用者對所有內容一目了然。

❷ 容易刺激大腦自由聯想，得到靈感與創意

心智圖上面只能放關鍵字（keyword），比句子更能刺激大腦自由聯想。熟練心智圖後，自由聯想能力自動會提升，就能更快地得到靈感與創意。

❸ 不用費力做筆記

心智圖是較為全方位的思考工具，本書第五章有心智圖與幾種常見的筆記型式做比較，能夠很清楚看出有何不同。

❹ 有效促進主動學習

製作心智圖的過程中，大腦需要執行思考、分析、理解、組織等主動學習的要素。

❺ 簡化複雜的事，提升做事效率

當你熟練心智圖後，就能很輕鬆地把一整本書的內容彙整成一到兩張 A4 大小的心智圖。簡化能力提升了，在工作上就能發揮更好的思考效率。

❻ 思緒不打結，提高解決問題的效率

繪製心智圖的過程，就是一種釐清思緒的過程。熟練心智圖後，自然思緒會更加流暢，更快發掘問題源頭，快速達成目標。

❼ 協助有效率地提升目標設定與計劃能力

繪製心智圖讓我們能更快看清事物的關鍵要素，能有效地分配資源，加速完成計劃與執行，讓你輕鬆達標。

5‧掃除盲點、激發潛能

我想透過創意思考之父的故事來告訴你，畫心智圖的過程，就是發掘自己盲點的過程。

1941 年保羅‧桂爾福被徵召為美國空軍設計一套檢查方法，好挑選出最適合當飛行員的青年，他一直想建立創造力的數值量表，卻一直無法找出統一的標準，最後不得不放棄，改採敘述方式來衡量創造力。（註❶）

（註❶）：保羅‧桂爾福（Joy Paul Guilford）在 1950 年～ 1960 年寫出有名的智力結構論。他的這段故事是格林文化事業發行人郝廣才寫於《今周刊》第 1096 期。

他區分我們人類有兩種思考方式：

1. 收斂式思考：針對一個問題給出一個最佳答案。
2. 擴散式思考：針對一個問題容許得到一堆「相對的」最佳答案。

透過這故事，我要告訴你的是，他最早曾經陷入「收斂式思考」中，最後他終於接受了「擴散式思考」，不再追求「絕對的」標準答案。

他在研究上遇到障礙，產生**思考轉變的過程，正是學習的目的，也是進步的目的**：

1‧發覺到我為什麼不會？我為什麼不行？
2‧應該怎樣才能「會」？應該怎樣才能「行」？

思考轉變的過程，等同於潛能開發的過程：

1. 從「沒能力」到「有能力」。
　（本來不會、不行，現在我會、我行。）
2. 從「有能力」到「更好的能力」。

心智圖本身正是結合了擴散式思考與收斂式思考，繪製心智圖的過程，充滿著視覺化的記錄，很容易幫助你自己進行一場「自我掃除盲點」與「自我激發潛能」的過程。

6‧提升「理解記憶」能力

雖然被稱為聰明的人，不一定是記憶力好的人，但我們會很羨慕記憶力好的人。

記憶力的第一種分類

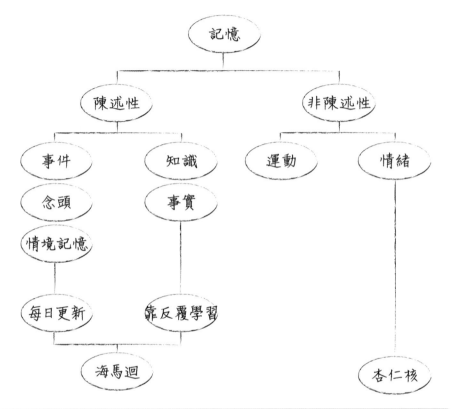

「陳述性記憶」多跟邏輯有關。「非陳述性記憶」多跟非邏輯有關。

記憶力的第二種分類

背誦古詩詞歌賦，一個字都不能錯誤，是屬於「機械記憶」，很接近死記硬背的方式。

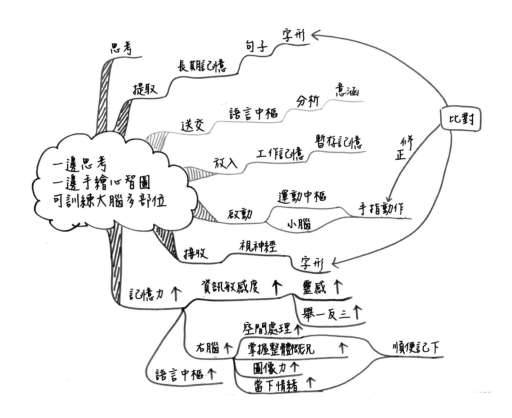

心智圖能提升的是「陳述性記憶」的時間長度。

大家一定有類似的經驗，一旦弄懂了某些題材內容，沒有特別花心思背誦，就可以記住很久，運用的正是「理解記憶」。熟練心智圖的人，因為理解力增強了，自然「理解記憶」的能力也會提升。

7‧可運用於 **95%** 的領域

如果你的大腦是電腦主機上的 CPU，那麼心智圖就是微軟 Windows 作業系統，或是蘋果電腦的 iOS 作業系統。有了作業系統，你才能在電腦上加裝並運行如 Word 或 Photoshop 等各種軟體。

心智圖的運用領域

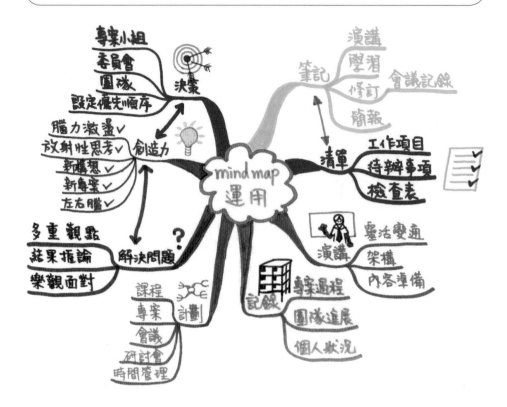

　　換言之，學會了心智圖，你可以運用在各種工作與生活領域。

　　要提醒大家一點，若純粹是垂直思考的內容，畫成心智圖是沒有意義的喔！例如：數理科的計算題，電腦程式碼的編寫。

　　請仔細看我上一行的用語，我是說「沒有意義」，並非「做不到」。

　　常使用心智圖來彙整數理科的觀念，或是程式語言的邏輯，對你在這方面的解題能力會很有幫助。

8 · 你非會心智圖不可

常被問：「我學了心智圖，到底可以得到什麼好處？」我覺得不能用這種角度來看待心智圖。

不是「要不要學心智圖」的問題，是「你非會心智圖不可」。

心智圖可以幫你在下圖的各種要素中，皆得到良好成果。

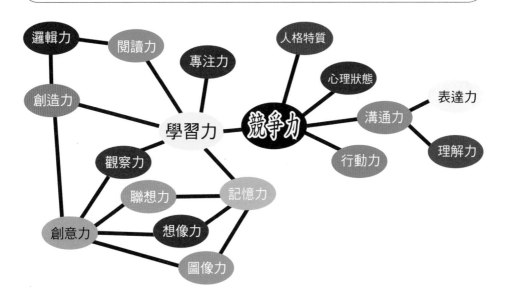

良好的競爭能力需要有哪些組成要素？

9 · 輕鬆「贏」戰 AI 人工智慧時代

2017 年全球最令人興奮、同時也最令人恐慌的話題，大概就是 AI 人工智慧了。即將要消失的工作都是讓 AI 來做會更好的，像是需要靠過去資料或數據來反覆嚐試錯誤的工作。目前身處這些職位的人必須趁早培養第二領域，做好轉換身分的準備，當你熟練心智圖後，可以加速第二領域甚至是第三領域的學習過程。

　　AI領域也會在「STEM」這四領域產生新的工作。（註❷）換言之，數理邏輯能力好的人，在未來比較不怕沒有工作。數理邏輯能力不錯的人，若想出類拔萃，也很需要創意能力與人際互動的溝通能力。

　　數理邏輯不好的人怎麼辦呢？別擔心，短時間內AI目前還很難取代人腦靈光乍現的創意能力與人際溝通的語言邏輯能力，AI只能達到工匠的階段，還無法達到藝術家的階段。

　　語言邏輯能力是學習任何學科的基礎能力，常畫心智圖正是訓練語言邏輯的最好方法。

　　透過心智圖的製作過程，更容易幫你在面對困難問題時，獲得有創意且系統化的解決方法。

10‧符合記憶原理的學習方式

　　如果要你選擇看教科書跟看電影、卡通、電視，你會選擇哪一種？我想99.99%的人一定是選擇看電影、卡通、電視。為什麼呢？因為這些影音不僅生動活潑，還相當有趣！既然大腦這麼喜歡有趣的影音事物，為何不提供有趣的畫面給大腦吸收學習呢？

　　根據研究，人類有三種不同的溝通與學習方式，分別為：視覺型、動覺型、聽覺型。多數人都同時包含這三種學習型態，但我們會自然偏向使用其中我們所特別喜愛的某一種型態。心智圖剛好可以同時符合這三種學習型態的需求。

（註❷）：美國國家科學基金會（NSF）跨領域科學教育會議後，開始出現這四個未來科技所需要的學科：科學（Science）、技術（Technology）、工程（Engineering）及數學（Mathematics），簡稱為「STEM」。台灣近年教育界加入了藝術（Art），形成了「STEAM」教育。

❶ 視覺型的學習方式

　　視覺型的學習方式往往傾向透過眼睛來學習，喜歡看圖畫、表格、影片。而 Mind Map 心智圖是一種利用圖畫、文字、符號、形象、顏色等多種表現方式，剛好可以把資訊以視覺的效果呈現出來的思考工具。

❷ 動覺型的學習方式

　　動覺型的學習則傾向透過身體活動，直接參與學習，喜歡用手觸摸、使用、製作、親身體驗。而心智圖在融入繪畫的過程中亦需要不斷地用手畫出線條與圖案，而且整個過程跟一般以純文字記錄的筆記方式很不一樣。所以對於動覺型的人來說，學習心智圖可以協助他不斷地同步思考、運用思考內容。

❸ 聽覺型的學習方式

　　聽覺型的人習慣透過耳朵、嘴巴來學習。他們喜歡聽演講、聽有聲書、討論事情、辯論，透過聲音來進行思考，一般大腦的思考速度是每秒 1000 次，講話的速度是每分鐘 500 字以下，因此腦中自我對話的速度會比講話速度快一點。

　　在漫畫與卡通中，我們常常看到一個人的內心冒出天使與魔鬼在對話的畫面，就像我們在閱讀的時候會出現口讀、心讀（默讀）的內心聲音，或在聽別人說話時心中會出現的旁白，有時在獨自思考時也會不斷地自我對話。由於大腦思考的速度很快，因此常會有靈光乍現又隨即消失的情形。但有時思考也會進入一種連自己也無法查覺的死胡同裡，不斷地繞圈圈。這時心智圖就可以輕易地幫我們捕捉、記錄這些曇花一現的想法，同時也可以把思考脈絡很清晰的呈現，避免我們落入思考的死胡同。所以，心智圖是很符合記憶原理的學習方式。

11・提升溝通效率的有效方式

　　人跟人之間的溝通不在於講了什麼，而是對方接收到什麼。「說」只是開放一條管道，釋出訊息給對方，對方聽進去後，理解了什麼，就不是「說」能控制的。所以與他人溝通，還需要顧及對方的思考與理解能力是否跟我們一樣，才算是有效的雙向溝通。

　　心智圖最常見的溝通方式有兩種：一種是跟自己溝通，另一種是與他人溝通。

❶ 跟自己溝通：適合自我審閱、思考記錄

　　當你的腦海呈現一片混亂，理不出一個頭緒時，可利用繪製心智圖的動作，讓混亂的思緒漸漸釐清，只要眼睛看著心智圖上 keyword 之間連結的線條，就可以協助腦中自然快速的回憶起所有相關思考點的內容。

❷ 與他人溝通：圖文並茂減少對方接收的誤差

　　因為每個人的思考邏輯力不同，看到同一件事情不見得會產生相同的想法或行動，使得溝通常發生誤解。我們雖然盡力表達，希望讓對方能夠理解我們的想法，但若我們與對方熟悉度不高，也就很難知道對方究竟理解了多少？

　　但透過心智圖的方式，我們可以把腦中的思緒用關鍵字與圖形呈現，再透過語言引導對方依照我們的思路，去理解我們所陳述的內容，這樣不僅能減少誤解，還能提高雙方對彼此的理解程度。

Chapter

心智圖的思考功能

- 加速大腦思考
- 四個基本原則
  - ・水平思考
  - ・垂直思考
  - ・分類思考
  - ・網絡思考

1‧加速大腦思考

過去所做的任何一項選擇、行動累積成我們現有的競爭力，同樣的，我們未來的競爭力也取決於現在的選擇與行動能力。

- ◆ 競爭力＝學習力。現在的競爭力是過去所有學習的累積
- ◆ 學習＝學（吸收力）＋習（練習做）
- ◆ 學習力＝理解力＋記憶力＋行動力
- ◆ 記憶力＝觀察力＋聯想力＋邏輯力＋創造力＋專注力＋動機

選擇的過程中，最令人困惑與遲遲不能下決定的，就是我怎麼知道做出這樣的選擇後，結果會變成什麼樣子？，因此我們都很害怕做錯決定。

某個層面來說，心智圖是一種圖形化思考工具，把腦中的思緒與思考脈絡以圖像與邏輯的形式呈現，讓我們能輕易了解到自己的思考有無缺失。就如同電腦提升我們的工作效率一樣。今天我們可以選擇用紙筆寫文章，也可以用電腦打字輸入文章，但寫作的能力並不會因為改用電腦輸入就功力大增。然而透過電腦輸入卻能有效縮短寫作的時間，節省下來的時間就可運用在別的事物上，或繼續投注在提升寫作功力的練習上，因此電腦間接成為提升寫作能力的工具之一。繪製心智圖也是一種間接提升腦力思考能力的工具。

①以觀察、聯想、邏輯、創造、專注、動機，讓記憶力全面提升

通常學習力（記憶力）不好的原因有四種：

1. 腦部的營養不良（或營養失衡）
2. 專注力不夠或睡眠不足

3. 動機不足或沒有興趣

4. 學習方法不佳

　　有的人可能只有一種原因，有的人可能有二至四種原因。唯有找到自己的原因才能對症下藥解決。把四種因素都解決了，才能讓腦力擁有最佳的表現。

　　很多人把記憶力跟學習力畫上等號，也有很多人把記憶力喪失跟失智症畫上等號，原因在於記憶是大腦活動中最容易被表現出來的一種能力。記憶力好不好做個測驗馬上就知道，但是創意力好不好就很難評估了。

　　實際上記憶力也確實是大腦各種思考能力的總和，**記憶＝記住＋回憶**，能記住並轉換成知識，才能從腦中被提出來運用，我曾用一棵大樹來比喻，如下圖：

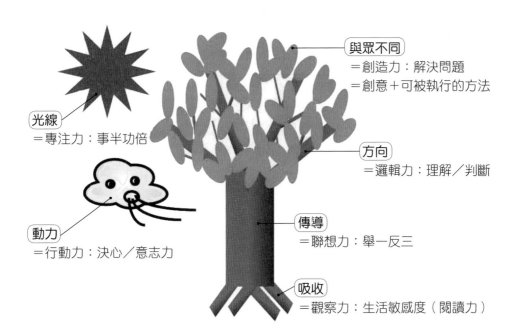

光線
＝專注力：事半功倍

動力
＝行動力：決心／意志力

與眾不同
＝創造力：解決問題
＝創意＋可被執行的方法

方向
＝邏輯力：理解／判斷

傳導
＝聯想力：舉一反三

吸收
＝觀察力：生活敏感度（閱讀力）

　　觀察力是我們吸收外在資訊的第一步，就像樹根一樣不斷地從周遭環境中吸收養分。缺少觀察力（閱讀力）的人會因為輸入（in put）大腦的資料量太少，大腦輸出（output）的訊息運用自然就更少了，這也是古人說：「三日不讀書，面目可憎。」的道理所在。現在的人說：「不閱讀就像不洗澡一樣，自己沒有感覺，但是旁邊的人已經受不了了。」而我個人認為每個人都是一本書，只要用心生活觀察周遭所發生的事情，自然能領悟大自然教我們的道理而成就智慧。

　　同樣地，在決定心智圖的主要架構時，就需要運用敏銳的分類能力，找出相同點與相異點，再結合邏輯力來下決定，這都與敏銳的觀察力有關。

　　而聯想力是「看到這個想到什麼？」的能力，就像樹幹把所吸收的營養，傳導到大樹各個部位。等於缺少聯想力的人，就是缺乏舉一反三的能力，而舉一反三就是解決問題的能力。

　　聯想較佳的人能對同一個問題啟發多種面向、引發不同角度的構思，就像心智圖中的每一個關鍵字，能將我們腦中的記憶透過聯想任意提取。因為它結合了水平思考與垂直思考的特性，而圖形化的思考方式更讓我們的思緒能不受限制的延伸，如下圖。

◆ 心智圖可以將腦中的記憶，透過聯想力給提取出來。

創造力＝創意＋可被執行的方法。創意的發想若不能被執行，就等於是無用的想法。但透過心智圖我們可以簡單清晰的把腦中所思考的脈絡呈現出來。藉由視覺化的呈現，更容易掌握自己的想法，並檢視想法是否有缺失遺漏或有不夠周詳之處，並確認它的可行性，減少無用的創意，不斷地審視自己的創意是否有修正的必要，並尋獲更多的解決方案。

專注力是一種習慣也是一種能力，就像太陽普照大地一樣，是一種永恆性的能力。凡事專注就能帶來事半功倍的結果。而由於繪製心智圖要用到眼睛、手、大腦內在的聲音，因此整個思考過程較容易專心。

動機就像是風，能帶來動力一般。沒有興趣的事物，大腦會把這些訊息給刪選掉，除非刻意去記憶，否則大腦不會自動放進長期記憶區（long-term memory， LTM）。

大腦感興趣的事物都是活潑有趣的、簡單的、美美的事物，心智圖本身就是越活潑越好、越簡單越好、越美觀越好。繪製完畢後，自然能在大腦中留下一定程度的印象。

同時透過繪製心智圖的過程，可清楚地明白自己的想法、更加確定自己的動機，自然更能提升行動的意志力。

②迅速掌握重點與重點間的邏輯關係：加強你的邏輯力

我們說一個人講話有沒有道理，就是在說這個人的思考邏輯好不好。邏輯力決定我們個人的思考方向與行為方向，就像大樹的樹枝決定大樹的形狀一樣。

在繪製心智圖的過程中，必須不斷地思考如何去蕪存菁、如何決定關鍵字（重點）、如何濃縮內容、如何決定架構，這就是在運用與訓練我們的邏輯能力。

同時，心智圖每一個關鍵字（重點）都是透過線條把彼此的邏輯關係給表現出來。透過整張心智圖的架構，也能很清楚地看到那些關鍵字的重要性與層次關係。

◆ 傳統的學習方式，是將各科內容盡量強記於腦中，因此讓人覺得學習是痛苦的。

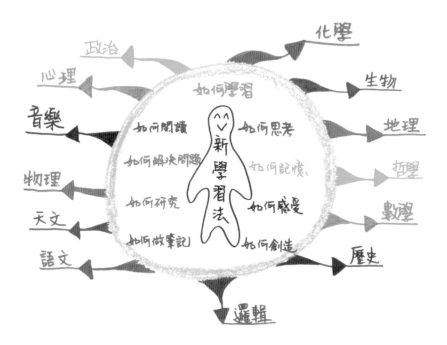

◆ 運用符合大腦神經學與心理學原理的學習法，可以讓我們在學習的過程中轉變
　成主動的吸收方式。

2·四個基本原則

　　美國組織行為學者卡爾偉克在實驗中發現，蜜蜂會不斷地在玻璃瓶底找出口，直至力竭而死；而蒼蠅卻可以在不到兩分鐘的時間內，從玻璃瓶口逃出。蜜蜂之死，是因為被傳統的知識和邏輯所誤。這個行為顯示蜜蜂的智力其實比較高，牠們比較重視邏輯和經驗。蜜蜂以為「密室」的出口必然是在光線最明亮的地方，因此只管拼命撞向瓶底，重複這種牠們認為合乎邏輯和經驗的行動。

　　這個例子告訴我們蜜蜂深具垂直思考的能力，但是面對不同的陌生環境，這個方法就不見得管用了。相反的，蒼蠅的智力比較低，對邏輯也毫不在意，只管四下亂飛，但是牠們卻誤打誤撞地找到出口。因為蒼蠅不受邏輯的拘束，全力於「試試看」的水平思考：反正試試嘛！萬一讓我試對了，那我就成功了。

　　水平思考與垂直思考在我們日常生活中其實常常被使用。例如：在一般「數學解題」的開始，通常要運用「水平思考」來決定某一個解題方向或思考方向，試試看能不能解。（除非對這一個題型已經很熟悉了）有時一個解題的想法直接就冒出來，而且也說不出為什麼會想到如此解。如果想不出解題的方向，就只能繼續運用水平思考尋找可能的解題方向。一旦想到解題方向後，我們會開始進行一步步的邏輯推理或計算，這時就是進行典型的「垂直思考」，而且每一個步驟都要合乎邏輯，不能有計算或推演的錯誤。

　　在繪製心智圖的思考過程中也同樣需要用到水平思考與垂直思考。接著我們將解釋這兩種思考有何不同？又該如何讓水平思考與垂直思考相輔相成，來幫助我們思考更靈活、更敏捷快速？

❶ 水平思考

　　水平思考就是加大思考的廣度，突破自我設限的思考。這個名稱是由愛德華‧波諾（Edward de Bono）所提出來，他稱之為「在對錯之外的思考」。在思考的過程中強調透過「自由聯想」讓思考像脫韁野馬一樣，想到什麼就寫什麼。強調思考的數量與流暢度，想得越多越好，盡量避免評估「這樣想」好不好？「這樣想」對不對？為什麼會想到這個呢？這個答案會不會太細節、太小了等等。

　　水平思考的關鍵在於「聯想力」，而不是「判斷力」。水平思考的特性在過程中只做迅速簡單的判斷，不需要做審慎或嚴密的判斷。它是一種非邏輯思考方式，不用考慮合理性，不用遵循一定的規則，不用管如何想到的，只要聯想到就好。所想出的內容先不以對錯去評定，針對問題以直覺的方式直接提出解決方式，培養各種不同看事情的能力。

　　培養創造力的重要概念是，我們並不是只找出「一個正確答案」。我們不僅要想出第二個答案、第三個答案，甚至想出第十個答案。這就是擴散式思考（Divergent Thinking）的特性，故也有人稱之為並聯式思考（Brain Bloom）。

　　通常一個人運用原有知識時，都是依賴知識的既有意義或刻板印象。一個人如果要得到創意，就要脫離刻板印象來看待事物，或者突破既有的想法與框框。這可說是不按牌理出牌的方式。

創造力＝創意＋可被執行的方法

　　水平思考可以說是培養創意的過程，如果要更進一步變成創造力，那就得加入具有邏輯力的垂直思考，評估創意、改進創意、選擇創意、實現創意，才能創造出某種「可被執行的方法」。

② 垂直思考

又稱為串聯式思考（Brain Flow），是一種邏輯式思考，講究嚴謹順序、邏輯推理的合理性。垂直思考可以拓展思考的深度，我們必須養成追根究柢的精神，運用「判斷力」一步步地進行，每一個步驟都必須說得出原因，而且要正確。強調深入問題找出答案，並把焦點放在找出最好的方法，一但找到最佳選擇的方法時，我們便會立刻停止思考活動。

如果有一口井沒有水了，水平思考會說：「讓我們到別的地方挖挖看，多挖幾個地方一定會找到水的。」垂直思考則會說：「既然這裡曾經有水，那就讓我們再往下挖深一點，深一點的地方一定會找到水。」因為垂直思考是尋求最有可能的方式，思考的範圍與種類都容易被限定；水平思考則是尋找各種可能的方式，想出方法與否跟機率有關。

③ 分類思考

在繪製心智圖時，最重要的是分辨出主要重點與次要重點的關係。第一步是找出主脈的內容，除了腦力激盪以外，這一步通常需要用到邏輯分析能力。心智圖分類的思考方向，可以從下列兩點來引導：

①相同點與相異點（探究本源）

例如：冬瓜、葫蘆、香蕉、鳳梨、香瓜、番薯、花生、番茄、青椒、辣椒。這十種食物可以怎麼分類呢？不管分成幾類，都是找出共通點放在一類，找出相異之處來決定類別的名稱，如下頁圖。

你會發現繪製成心智圖後，在視覺上比原本的條列方式更容易一目瞭然。

1. 水果類：香蕉、鳳梨、香瓜（這裡姑且忽略現代人常拿水果來作菜這一件事）
2. 蔬菜類：冬瓜、葫蘆、番薯、花生、青椒、辣椒
3. 又是蔬菜又是水果：番茄

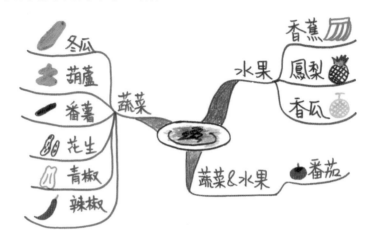

1. 長在樹上或需要棚架支撐的：葫蘆、香蕉、香瓜、番茄、青椒、辣椒
2. 長在地上的：冬瓜、鳳梨
3. 長在地下的：番薯、花生

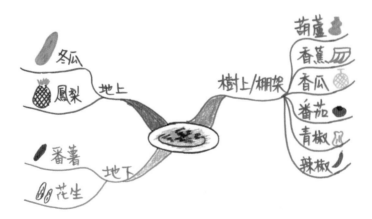

②主從關係（主要與次要重點的掌握）

從上一頁的心智圖中可以看出，主脈的「蔬菜」包含後面的支脈「六種菜」，這六種菜都不能取代或是代表「蔬菜」這個詞。而一講到蔬菜，不僅是包含現在這六種菜，還可以再加入其他的菜進來。

所以「蔬菜」這個關鍵字詞是「主」（主要重點），後面這六種菜是「從」（次要重點）。

在心智圖中，支脈的關鍵字詞是用來輔助說明主脈用的。越重要的關鍵字詞會離中心主題越近，越是旁枝末節的關鍵字詞就離主題越遠，即使刪除也不影響心智圖的主要精神。

根據 80 ／ 20 法則，可以說主脈的關鍵字詞是屬於 20% 的重點內容，支脈的關鍵字詞是屬於 80% 的內容。教科書文章除外，一般文章重點分布可以概分如下表：

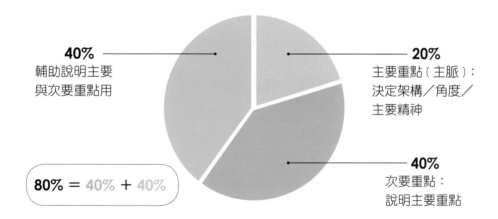

40%
輔助說明主要
與次要重點用

20%
主要重點（主脈）：
決定架構／角度／
主要精神

40%
次要重點：
說明主要重點

80% ＝ 40% ＋ 40%

④ 網絡思考

水平思考與垂直思考整合起來，就是網絡思考，也稱之為系統性思考。

例如「沙漠」這個詞語讓我想到五個主要小系統：天氣、景觀、尼羅河、人文、國家，這是水平思考。「天氣」這個主要小系統，聯想到三個次系統：酷熱、少雨、沙塵暴，依然是水平思考。

現在只看下圖的第一條脈絡，沙漠→天氣→酷熱；沙漠→天氣→少雨→缺水；沙漠→天氣→沙塵暴→面罩。以上三種思考路徑，都是垂直思考。

①不將每一個主題都當成是獨立的

換言之，不從單一個點、單一角度、單一立場、單一層次等來思考。

②了解到每一件事情都是系統化安排後的結果

整體事情可能是由多個互相有關係或互相有依賴的小系統或次系統所組成。

你可以將整個系統想像成蜘蛛網，昆蟲觸碰到任一個點，都會引發整張網絡震動，即所謂「牽一髮動全身」。

例如：沙漠地區，因為「天氣」關係，所以形成了特殊的「景觀」。

③每一個小系統是為了達到某一個目的而存在

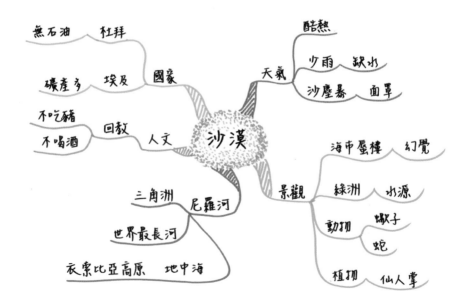

Chapter

手繪心智圖的步驟圖解

1・心智圖的「13 個規則」

①空白紙張橫放，從中央開始寫上主題，線條呈現放射狀。

②主脈由粗到細，只能寫關鍵字詞。關鍵字詞要寫在線條的上方，文字長度等於線條的長度。

③同一主脈脈絡，從頭到尾都只能用同一種顏色。

④主要概念離主題越近，次要概念離主題越遠。後面的關鍵字詞是用來補充說明前面的關鍵字詞。

⑤一個線段上只能放一個關鍵字詞或關鍵圖。

⑥線條是用來呈現關鍵字詞間的邏輯關係。關鍵字詞如果擺在「前後」，表示兩者之間有絕對的「因果」關係，或是絕對的「順序」關係。

⑦如果沒有辦法濃縮成關鍵字或關鍵詞，請放「關鍵句」，而不是照抄一整句話。

⑧放射狀的排列方式，較易刺激水平思考能力（思考的廣度）。

⑨多彩多姿的顏色可提升 60% 的記憶效果。

⑩若要畫給沒學過心智圖的人看，使用條列式排列比較好，所有支脈都統一畫在右邊，對方比較容易知道看圖時應該「從何下眼」。

⑪不要把關鍵字詞圈起來，這樣不容易刺激大腦延伸思考，反而容易造成思考上的侷限。

⑫同一條主脈上的線條要連續不中斷。線條如果中斷，不容易刺激大腦延伸思考，反而容易造成思考上的停頓。

⑬不管是主脈或支脈，分支都要簡潔不雜亂。心智圖的目標是化繁為簡，線條畫法會影響回憶時腦中記憶的正確性。

2、從選擇適合自己的筆開始

❶ 各種粗細的彩色筆、麥克筆、簽字筆

這些種類的筆顏色深，色彩濃艷，繪製時十分鮮豔，對於大腦的刺激比較強烈。

建議盡量使用這種筆，有以下兩大優點：

1. 越鮮豔的色彩，對大腦的刺激越強烈，對記憶力越有幫助。但要小心一件事，若是使用了會很難辨識寫了什麼字的黃色或螢光色，反倒不利於記住自己寫了什麼字。

2. 這種筆較粗，寫的字自然就比較大，在同樣大小的一張紙上，能寫的字數就比較少，內容多一點時，就會遇到一張紙寫不下的情況。換言之，在初學階段，這種限制反而可以給我們一點壓力，要求自己再精簡一次文字量。萬一真的無法再濃縮文字量時，我們可以拆開寫成兩張紙。

② 原子筆、中性筆

這是平時慣用的筆，而且攜帶方便，唯一可惜的是顏色選擇性少。因為顏色能幫我們增強記憶的深度，缺少鮮豔美麗的顏色，記憶的效果也跟著打折扣，所以我建議外出時才使用。

再者，越強烈顯眼的字，大腦記憶越深刻，雖然筆芯細，可以寫出很小的字，但字越小對大腦的刺激就越小、也就越難記住。建議選擇0.5mm 以上的粗細，對於記憶力較有輔助效果。

③ 色鉛筆

這種筆的色彩選擇多元，唯一的缺點就是色彩濃豔度不如彩色筆。

④ 螢光筆

螢光筆色彩亮眼，很多人會用來做書籍註記使用。但其色彩濃度不夠，在寫字上沒有辦法提供很好的視覺辨識，建議只能用在插圖，不建議用來寫字。

⑤ 繪畫用的粉彩筆、蠟筆、水彩筆等

這類筆色彩豐富，但缺點是攜帶不便，寫出的字又大又粗，一般A4 大小的紙張不適用，僅適用於海報紙或是壁報紙上。

⑥ 剪貼工具：剪刀、膠水

心智圖用越多插圖來輔助說明文字越好，一方面增加畫面的活潑與豐富，讓大腦更喜歡看這張圖，另一方面圖像也可以增加記憶深度。有些不會畫的圖，也可以利用剪貼報章雜誌的圖，來美化版加強印象。

3 · 選一張紙動手畫畫看吧！

① 選一張尺寸合宜的空白紙

不要用傳統那種充滿線條的筆記紙，因為線條會產生視覺干擾。

紙張不一定要是白紙，只要是空白的就好，你喜歡用色紙也可以。

大小要合宜。紙張過小，容易遺失，並且很難在上面畫出較多的內容；紙張過大，攜帶儲存不便，繪製時也不方便使用。一般生活中常見的書寫用紙是 A4 規格居多，許多文具與包包也根據這個規格設計。因此選用 A4 紙張是比較方便合宜的。

② 紙張橫放

因為我們的眼睛是長在左右兩邊，所以視野大小是左右較寬，上下較窄。如同電視跟電影，也漸漸發展成 16：9 的寬螢幕，就是因為這樣的比例，比原本的 4：3 更接近人的視野寬度。紙張橫放還有一個好處，就是在繪製心智圖的時候，紙面上比較有空間讓我們去延伸填上的內容。

③ 從中央開始，畫上主題

把一張紙擺在面前，你會發現自己不自覺地把視覺焦點擺在中間，這跟眼睛自然會習慣從物件中央開始看一樣，而心智圖最重要的是主題，當然要把主題擺在中間，才足以表達整體的內容。為了避免主題面積太大，使得後續的文字沒有空間可寫；也為了避免主題面積過小，使得整個版面的核心思想被淡化，在此建議初學者，可以把紙張大略畫分成九等份（九宮格），然後把主題放在九宮格中間那一格的位置，大小剛好填滿格子即可，這樣的位置和比例是比較適當的。

接著我們就以國家考試的申論題來簡單示範心智圖的繪製方式。

4·繪製心智圖的步驟範例

下列共有 7 張步驟圖，請先按照順序把圖看過一次，再想想這張心智圖究竟想表達什麼？看完之後再到 59 頁查閱產生這幅心智圖的文字內容，你會發現原來那麼枯燥乏味的考題，竟然也可以變得這麼簡單好懂。

圖 1：在紙的中心先畫上主題。

圖2：主脈呈現放射狀、由粗到細，寫上第一個主要的概念標題，以關鍵字詞方式填寫。畫上線條，線的長度＝字的長度，一條脈要用同一種顏色，字的顏色最好跟線的顏色一樣。

圖3：畫上輔助文字的插圖。（剪貼圖片貼上也可以）

圖4：延伸主要標題的內容，填上次要的概念標題，以關鍵字詞的方式填上。畫上分支（支脈），支脈就不需要由粗到細的線條了，跟主脈做出區分。

圖5：畫出第二條主脈，一樣是由粗到細，填上第二個主要概念標題，並畫上線條。再把次要概念的標題以關鍵字詞的方式填上，並且畫上插圖、畫上線條。

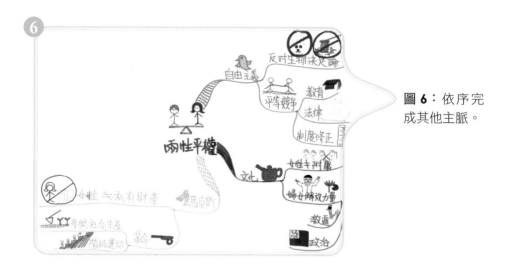

圖 **6**：依序完
成其他主脈。

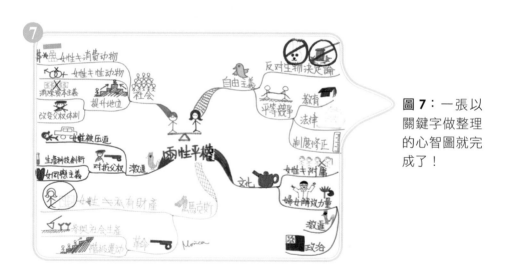

圖 **7**：一張以
關鍵字做整理
的心智圖就完
成了！

　　心智圖這項思考工具，很重要的功能是濃縮重點與去蕪存菁。以這
張國考題目的心智圖為為例，我們會發現原文字數 476 字，但是因為心
智圖上僅能留下關鍵字或關鍵詞，整體字數大約剩下 100 字左右。字數
大幅減少，依然能充分表現出原文的主要概念與邏輯關係。

國家考試申論題

Q：兩性平權主要受哪些思潮影響？

A：1‧自由主義：承認男女是有先天上的差異，但反對生物決定論，認為男女性別差異是後天的成果，其主張透過教育、法律和制度的修正來解決女性地位，並提供兩性平等競爭的地位。

2‧文化主義：主張女性並非男性的附庸，他們認為女性的道德觀優於男性，因此獨特的文化一旦獲得解放，自由、和平的世界自然來到，其策略為婦女解放的力量，透過激進與政治手段，也就是由女性來主政，推翻男性霸權。

3‧馬克斯主義：馬克斯主義認為婦女被壓迫的原因，在於資本主義的核心家庭單親制，與私有財產制度之形成的交互作用下，女性逐漸被驅逐出社會生產工作之外，而淪為男性私有財產的一部份。此派策略認為推翻資本主義體制，一定要參與社會生產，並且和階級運動結合，以革命手段來打破婦女被壓迫的情境。

4‧激進主義：其主張強調婦女是歷史上第一個被壓迫的團體，而且根深蒂固，其解放策略為透過生產科技的創新來解放婦女。另外，還有人認為女同性戀主義可以對抗父權主義壓迫。

5‧社會主義：此派認為女性是資本家的消費品，亦是家庭中的奴隸，女性淪為「消費動物」和「性動物」。而其主張消除資本主義與改變父權體制，來提升女性的地位。

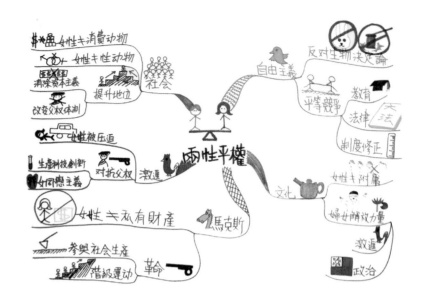

◆ 國家考試申論題：兩性平權主要受到那些思潮影響？

5・構圖方式與注意事項

看過前面心智圖的繪製範例之後，會發現繪製時每個人會碰到的問題都不一樣。也由於心智圖是一種開放性的思考，所以沒有絕對的好壞。因為自己才是主角，適不適用、對自己有沒有幫助，也是自己最清楚。心智圖一定要遵守的基本條件只有三項：

1. 由中央開始，呈現放射狀。
2. 主脈要由粗到細，關鍵字詞要寫在線條上方。
3. 關鍵字詞長度有多長，底下的線條就畫多長。

接下來我把教學過程中學員們遇到的問題，歸納成幾個要點，加上一些簡圖範例說明，讓你更能掌握繪製心智圖的方法。

❶ 中心主題圖可以畫框嗎？

　　當你是為了刺激創意思考而繪製心智圖時，不要畫框，才能避免侷限住自己的思考。如果為了想要整合思考而繪製心智圖時，就可以畫上框來強調主題、凸顯主題的重要性。所以畫不畫框，各有優缺點。我個人認為畫不畫框，倒不用太在意。

無框的畫法

有框的畫法

較佳的無框畫法

◆ 無框的中心主題比較容易延伸我們的思考觸角，不會有被侷限的感覺。

較佳的有框畫法：
有框的中心主題能集中我們的注意力，比較有聚焦的感覺。

方框

圓框

較不佳的有框畫法：
畫框的時候盡量別畫方框或圓框，因為日常生活中的框大多數是方形的，不然就是圓形的。繪製心智圖時應盡量打破舊有的思考習慣，激發我們的創意，這樣才不會無形中把自己限制住了。

② 線條、分支一定要由粗到細嗎？

　　主脈的線條一定要畫成由粗到細！視覺感覺就像大樹的枝幹，或像腦神經細胞的樹突與軸突一樣，靠近中心主題要粗，由內向外逐漸變細。

　　請比較下面二張圖，你會發現主脈由粗到細，更能表現出緊扣中心主題的關聯性，對於記憶力更有幫助。同時也要把線條的顏色填滿，增加色彩的強烈度，讓大腦更有印象。

◆ 由粗到細是最佳的主脈畫法

◆ 不佳的主脈畫法

　　至於分支（支脈）是否要由粗到細，這就隨意囉！你可以像樹枝一樣每一個層次都是由粗到細。也可以從第二個層次開始就全部用細的線條。

　　我個人是傾向於從第二個層次（也就是支脈）開始就全部用細的線條。因為整個心智圖最重要的是上面的文字與插圖，所以我不會在線條上面花費過多的時間繪製。

③ 主脈的排列一定要放射狀嗎？

　　之所以要求放射狀，是因為大自然裡的物件為了能有效率的傳達，都會採用放射狀的形式。例如：蒲公英、蜘蛛網、大腦神經元。

　　蒲公英不知道今天的風會從哪個方向吹來，所以長成立體的球狀，這樣不管風從哪個方向吹，種子一定可以被風帶走。

　　蜘蛛不知道昆蟲會從何處過來，所以四面八方地張網來增加捕獲獵物的機會，一旦獵物落入網中，不管落在哪一個角落或是中央，蜘蛛總能以最短的距離爬過去吃掉獵物。

◆ 蒲公英

◆ 蜘蛛網

　　一個訊息要從大腦的神經元 A，傳達到 B、C、D（兩個以上的神經元）時，最有效率的方式就是以放射狀來達到同時傳遞的效果。

　　不過，心智圖是一種把腦中思考圖像化與視覺化的方法，有時因應功能需要，或是為了美觀，也不一定要畫出放射狀的形式。

◆ 條列式排列

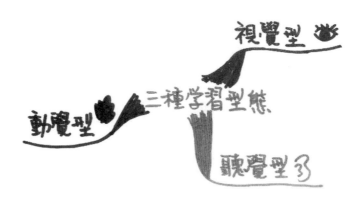

◆ 放射狀排列

❹ 主脈的閱讀順序一定要順時鐘方向嗎？

　　主脈採用順時鐘方向是我們多數人習慣的方向。你也可以用逆時鐘或雙箭號方式，選一個自己習慣的方向即可。

　　不過要注意的是，支脈的排列一定是由紙張的上方到下方，脈上的文字書寫順序也一定是由左而右。

　　因為以順時鐘方式閱讀會比雙箭號更快，故本書的心智圖都是以順時鐘方向來繪製。

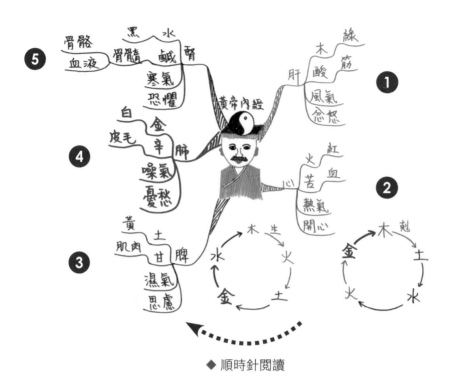

◆ 順時針閱讀

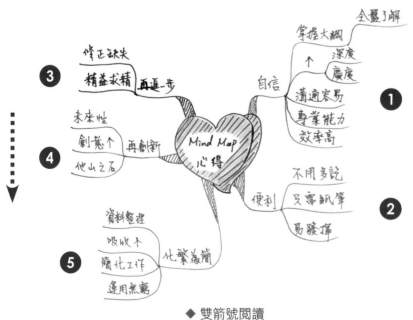

◆ 雙箭號閱讀

⑤ 先畫線條好？還是先寫字好？

原則上先寫字或先畫線條都可以。只要注意：字一定要寫在線條的上方。我個人建議先寫字再畫線，這樣畫出來的整個版面會較為工整。

⑥ 為什麼字長一定要等於線的長度？

字短線長，一方面感覺字好像沒有寫完一樣，二方面版面會產生一種關鍵字詞間緊密度不夠的感覺，三方面也會浪費紙張的空間。

字長線短，視覺上會有不均衡的感覺，不均衡的東西就不容易產生美感。人人都喜歡看美女帥哥（因為大腦喜歡看），所以也要給大腦看美美的圖，這樣大腦會吸收得更好喔！

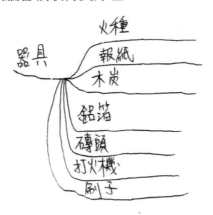

◆ 線條過長會產生內容沒有寫完的錯覺

 ①線條像碗一樣

 ②線條水平

◆「文字水平，置於線上」的第二種畫法，較有利於記憶

❼ 紙張的角落畫不下怎麼辦？

可以拐個方向畫，不過還是要維持由上到下的閱讀方向。

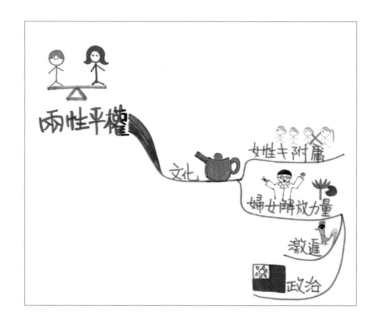

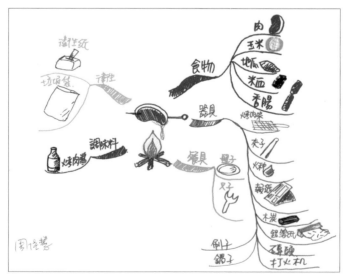

◆ 練習主題：烤肉準備清單
　　繪製人：周佳慧（企劃人）

⑧ 線條為什麼最好是畫成有律動感的曲線呢？

　　仔細觀察大自然裡的東西，直線的存在少之又少，倒是人造的東西有許多都是直線狀的。用心智圖的方式來思考，就是希望不要給大腦設下限制，所以最好不要用尺來畫出人造的線條。盡量用手直接拉出線條，當你越熟練直接拉出線條時，大腦的思考就會更加流暢。

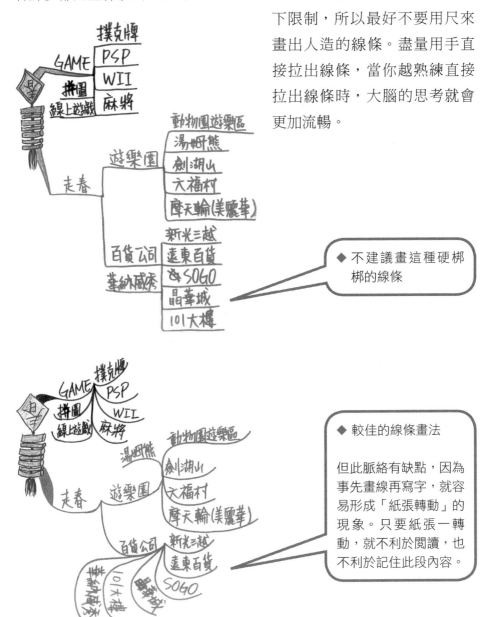

◆ 不建議畫這種硬梆梆的線條

◆ 較佳的線條畫法

但此脈絡有缺點，因為事先畫線再寫字，就容易形成「紙張轉動」的現象。只要紙張一轉動，就不利於閱讀，也不利於記住此段內容。

❾ 線條最好是水平的，而且字一定要寫在線上？

　　想像一下，線條就像盤子或是碗一樣，字就像裡面盛裝的東西，應該要被安安穩穩的放在碗裡或是盤子裡。眼睛看到什麼，腦中就會產生相對應的感覺。如果腦中產生的關鍵字詞好像有記不住的感覺，潛意識中這個關鍵字詞也會比較容易被遺忘。

　　當線條與文字不是水平排列時，文字內容一多就難以閱讀，使得心智圖必須翻轉才能看清楚，這樣不僅閱讀困難、也浪費閱讀的時間。如果整張圖的閱讀方向一直換來換去，視線也跟著不規則地移動，自然就會花費比較多的閱讀時間。

　　當你畫心智圖畫到一半，發現紙張上下都已經沒有空間時，可以把線條先拉成豎的再彎成橫的，這樣就能讓字保持在線上。

◆ 較佳的畫法

◆ 不佳的畫法

⑩ 字最好一律保持由左到右的水平方向嗎？

　　不一定，但最好這麼做！不過英文的書寫一定是從左到右。依我個人經驗，閱讀文字會比閱讀圖片更耗費眼力，所以字最好都保持由左到右的方式。雖然中文字也可以寫成垂直方向的。

　　但如果一張心智圖上，有些文字直向，有些文字橫向，這樣在搜尋文字時，眼球移動就須轉換各種方向，這樣無疑是增加眼球搜尋文字的時間，同時也增加眼球的負擔，倒不如讓文字的排列方式一致，整張心智圖看起來也會比較流暢。水平方向更方便理解與記憶。

⑪ 一張心智圖畫不下，可不可以畫成兩張？

　　雖然心智圖是希望用一張圖就能綜覽全局，像老鷹飛翔在天空俯視大地一般。不過有時內容太多，一張紙寫不下，可以把分支主題另外用一張紙來寫，或是在主題旁邊註明「-1」與「-2」。

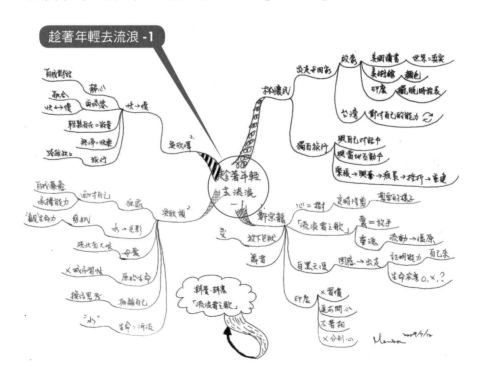

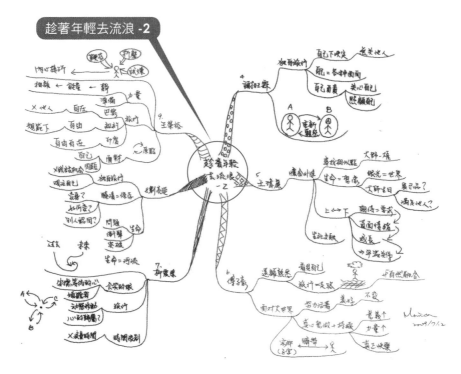

⑫ 可不可以把整條脈圈起來？

答案是可以。當你覺得心智圖的其中一條脈特別重要，就可以把這部分圈起來。或是整張心智圖中先完成了某個部分，也可以把整條脈圈起來。

基本上，你想怎麼定義把脈圈起來的動作都行，只要自己看得懂就好。可以參考本書第四章〈心智圖實務運用〉184頁的籌備會議心智圖。

⑬ 什麼時候會畫空的線條呢？

基本上心智圖應該是有多少內容就寫多少內容。

不過有時候我們會遇到思考暫時卡住的時候，覺得應該還有內容可以寫，但是目前想不起來，或是不清楚要寫什麼才好，就可以先畫一條空的脈，來提醒我們這裡還有需要加強或補齊的地方。（例如下頁圖左上角紅圈處）

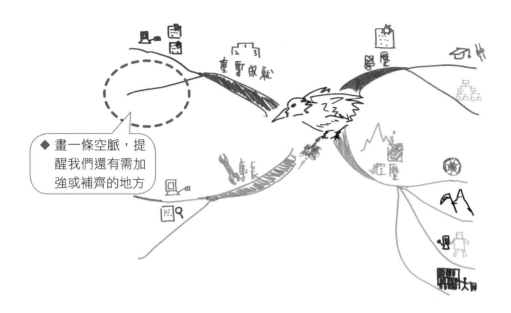

◆ 畫一條空脈，提醒我們還有需加強或補齊的地方

⑭ 內容寫錯要怎麼塗改？

不管是線條畫錯、圖文內容錯誤，都是直接在上面打個 X 或用刪除線劃掉，然後在旁邊重新寫上文字或圖，或重畫線條就好。

◆ 千萬不要把字塗得一團黑，反而在視覺上更強調出有個錯誤在那裡。保持畫面的清爽乾淨，大腦會比較容易記憶。

◆ 較佳的畫法

⑮ 最好看的版面是字跟線條的視覺比例要均衡？

　　線條是用來引導視線找到關鍵字詞，並呈現出關鍵字詞彼此之間的邏輯關係。當版面比例「脈大於字」，字的重要性感覺就被吃掉了，焦點都在脈上面。當版面比例「字大於脈」時，感覺關鍵字詞間的連結關係不夠緊密或是不夠牢固，大腦在視覺上容易淡忘掉這個連結關係。版面比例的安排上字與脈均衡，一切清晰好記。

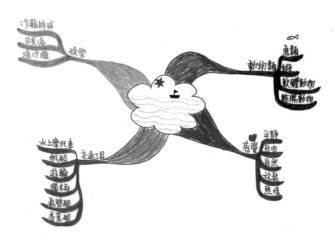

◆ 比例上「脈」大於「字」

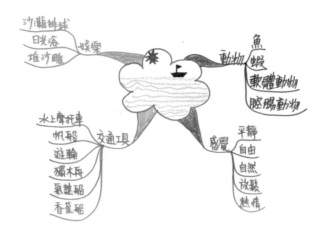

◆ 「脈」與「字」比例均衡

⑯ 線條可不可以加入一些創意變化？

　　線條當然可以加入自己的創意，讓版面充滿有趣的變化。學習本來就應該是一件有趣的事，不是死板板的做，你想加入什麼樣的創意都行。不過要注意一點喔！整張心智圖主要重點在於文字與插圖，線條是導引我們的視線去找到文字與插圖用的，所以線條要盡量流暢，這樣視線移動時才會流暢。所以也不要花過多的時間在美化線條上，這樣就有點浪費時間囉！

　　如果你的時間很充裕，當然可以花點心思加插圖，或把插圖畫得精緻點。但是別忘了，心智圖的重點在邏輯性，而不是花很多時間把插圖畫得美美的。千萬別本末倒置囉！

◆ 基本型：把線條的顏色填滿

◆ 線條的變化型

⓱ 光有文字，不畫插圖不行嗎？插圖一定越多越好嗎？

　　光寫字不畫圖，並不是不可以，只是這樣充滿文字的圖看起來難免單調無趣。圖像本身可以幫助記憶，畫上輔助文字了解的插圖，更可以幫助我們增加記憶效果。

　　如同我們喜歡看彩色電視勝過於黑白電視，大腦就是喜歡有趣的畫面，為什麼不畫一些有趣的圖來幫助大腦快速吸收呢？

　　很多人因為過去很少畫圖，於是剛開始時，總是擔心自己的圖畫得不好看，所以不敢也不願意畫插圖。有些人是因為平時觀察力不足或是不敏銳，根本不知道怎樣去抓一個物件的特色出來。

　　其實畫圖一點都不難。心智圖不是美術比賽，主要是畫給自己看的，所以自己看得懂就好。畫圖前先試著想想這個物件的特色是什麼？例如巫婆的特色是戴著尖尖的高帽子、有著尖尖的鼻子、騎著掃把在天空飛。只要有這三個特色，不管你的畫工是細緻還是簡略，大家一看就知道你畫的是巫婆。

　　接著，來試試看怎樣區分出貓、老虎、獅子。

　　提示　這些都是貓科動物，所以基本特色一樣。老虎臉上有明顯斑紋，民俗中的老虎額頭有個王字；獅子沒有斑紋但是頭頸部有鬃毛。

　　下頁圖這些貓、獅子、老虎都是大人畫的，雖然很像幼兒園小孩畫的，但是一看都知道是什麼，所以只要你畫的圖具有幼兒園水準就夠用了！

　　別忘了這不是美術課，畫得美不美不是重點，而且圖像可以增強記憶的深刻度，這才是最主要的目的。

◆ 畫心智圖不是美術比賽，自己看得懂就可以。

6 · 活用色彩增強記憶力

❶ 中心主題可以只寫字不畫圖嗎？

中心主題建議以圖畫呈現，是因為眼睛看到圖片，大腦不需要經過想像就可以直接吸收，可以提升吸收的速度。而且圖片本身也比文字更能激發自由聯想的能力，比較不會侷限我們的思考方向。大腦對圖片的興趣大於對文字的興趣。所以用圖片更能激發起學習的樂趣與動機。

「以圖為中心」　優於　以「文字」為中心

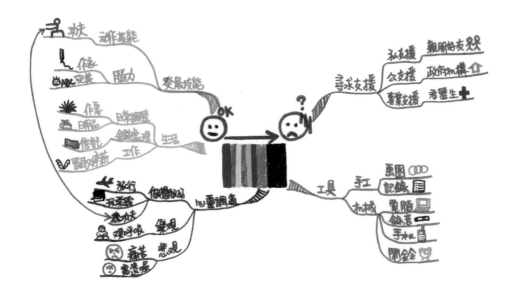

◆ 團體討論主題：沒有記憶力的人生
　繪製人：吳雅芳（英文老師）

② 怎樣把文字變成圖？

①直接聯想（心像法）

看到這個詞讓你想到什麼畫面？直接把那個畫面畫出來就好。例如：「溝通」想到兩個人面對面講話的樣子、「生日」想到生日蛋糕。

②諧音法

運用「同音同字」或是發音很相近的字，把抽象概念變成具體圖象。例如「階級」這個詞較為抽象，透過「階」的同音同字轉換成「階梯」，圖像就具體多了，也更不容易忘掉。

③把字變成立體／塗鴉文字

　　有時候真的想不出來要畫什麼樣的插圖，可以把字畫成像是立體雕像一般，就會變成是一種圖像。

◆ 把字畫成立體雕像一般，轉變為圖像。

③ 插圖擺在哪裡最好？一定要放在線上嗎？

　　大腦對圖像的吸收速度大於對文字的吸收速度，圖是輔助了解文字用的，所以把插圖視為文字一樣放在線上。最好是跟在字的前方、後方、上方，而不要畫在線條的下方，因為這樣就被線條給隔開了，猛一看好像圖跟字沒有關係。

　　不佳的畫法是圖沒有跟字一樣都被安安穩穩的放在線上，乍看之下會有圖歸圖、字歸字的感覺，缺少了「插圖是要輔助了解文字」的用意。如果想要加強記憶深刻度，最好就不要這樣畫，因為眼睛看到什麼，腦中會做出直接反應。

　　剛開始時一定會無法掌握好畫圖的空間位置，可能會畫得很擠或是離字很遠。這都沒有關係，常常畫、熟能生巧，自然就能掌握得很好。

　　就我個人而言，剛開始學心智圖時，總是很完美主義地把圖一再重畫，於是很快便練成一次就畫得很美觀的功力。

◆ 較佳的畫法

◆ 不佳的畫法 -1
文字一區，圖片一區，好像圖跟文
字無關。

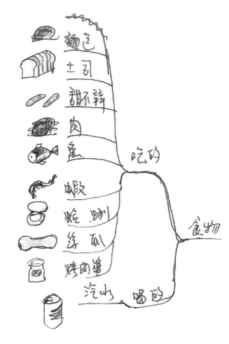

◆ 不佳的畫法 -2

4 插圖的顏色要跟線、
字、脈的顏色一樣嗎？

　　答案是不一定！字的顏色
跟線的顏色一樣，可以幫助線
條更快導引我們的視線去找到
關鍵字詞，所以顏色一樣比較
容易產生關聯性。

　　插圖則是輔助我們快速了
解文字用的，所以可以跟文字
用一樣的顏色，整個版面看起

來會很清楚看出分成哪幾項大重點。但是這樣的版面有點缺少了豐富的色彩感覺。

再說，假設為了配合線的顏色，畫出一個紅色的芭樂或翠綠色的蓮霧，這樣看起來也有點怪怪的，不太像芭樂跟蓮霧。

所以插圖要用什麼顏色來畫都可以，自己覺得看起來順眼好看就可以了。

❺ 插圖一定要填滿顏色嗎？

顏色越豐富、越飽滿，留在大腦中的印象就會越深刻。

◆ 不佳的畫法　　　　　　　　　◆ 較佳的畫法

❻ 怎麼用符號代替文字呢？

畫心智圖時，很多數學、科學符號（例如元素表）、常用符號我們可以拿來借用喔！

↑、↓，可以代表向上、向下，或是往前、往後，或是向上提升、向下沉淪。

＞、＜，用在數學可以代表大於、小於，用在音樂可以代表漸弱、漸強，也代表越來越小、越來越大。

就看你給這個符號下的定義是什麼，只要你自己能看懂就好。

年輕人的電腦語言，例如火星文是相當有圖象概念的嘞！偶爾學習一些火星文，也能用符號組合來取代文字。

符號	取代文字	符號	取代文字
∧＿∧	微笑	∧0∧	大笑
∧+++++++∧	笑得合不攏嘴	＋⌒＋	頭昏眼花
（＞＿＜）	好冷喔	Y（∧_∧）Y	舉雙手比「YA」
{{（＞_＜）}}	冷得發抖	∧_∧|||	好糗或尷尬
=＿=	無言以對	∧_∧"	尷尬的笑
_	剛睡醒的臉	?＿?	滿臉疑惑
＞_＜	哭臉	（☆_☆）	眼睛一亮
∧（OO）∧	豬頭	$_$	見錢眼開
orz	這是小孩的無力、失落	（●-●）	戴太陽眼鏡
ORZ	這是大人的無力、失落	or2	這是屁股特別翹的 orz
e.g.	舉例（for example）	i.e.	即是（that is）
∵	因為（because）	∴	所以（therefore）
cf.	比較（compare）	v.s.	對抗（against）
NB	注意（note well）。或是指筆記本、筆記型電腦（notebook）	etc.	等等（and something else）
&	和（and）	Pf	證明（proof）
=	相等（equal）	~或是≒	大概、大約、近似值（approximately）
＞	大於	＜	小於
≧	大於等於	≦	小於等於
≠	不等於	⊥	垂直
∞	無限大	⊙	中心
Q	問題（question）	Sol或是A	解答（solution 或是 answer）
w/	和什麼一起（with）	w/o	沒有（without）
♂	男	♀	女
←	向左	→	向右

⑦ 心智圖一定要越多顏色越好嗎？

　　下面這張圖是用一般的原子筆畫的，鮮豔度就沒有用彩色筆來得好，不過卻是最容易隨身攜帶、隨手取得的筆，即使顏色選擇不多，只要注意相鄰的兩條脈顏色不要一樣就好。

　　顏色越豐富，版面越鮮豔活潑！用螢光筆或是太淺的顏色來寫字或畫線條，相較之下會很不容易辨識文字，造成閱讀負擔。

　　下圖右下角與左下角處的兩條脈之間，用色就太相近了，盡量使用冷暖色系相間，或是對比色交錯。

　　如此一來，透過顏色就能很迅速地知道各類別的內容，而不需要仔細閱讀後才能分辨，可以提升閱讀的方便性與閱讀速度。

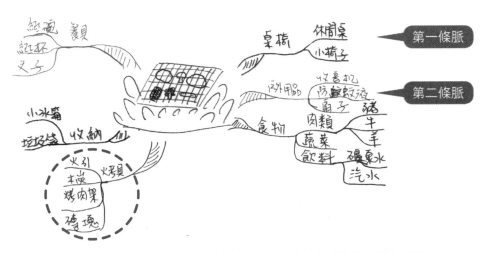

◆ 第一條脈與第二脈之間，用色太相近容易造成回憶時混淆成一類。

⑧ 心智圖裡面可不可以畫表格或是其他圖型？

　　心智圖與表格都是圖像式思考，當然可以結合在一起運用囉！只要能帶給我們更容易理解、更清晰閱讀的形式，都可以組合在一起。這就是心智圖的包容性。

　　請注意下圖左下角的內容，原文是：「南極風暴所以這樣強大，原因在於南極大陸雪面溫度低，附近的空氣迅速被冷卻收縮而變重，密度增大。而覆蓋南極大陸的冰蓋就像一塊中部厚、四周薄的『鐵餅』，形成一個中心高原與沿海地區之間的陡坡地形。變重了的冷空氣從內陸高處沿斜面急劇下滑，到了沿海地帶，因地勢驟然下降，使冷氣流下滑的速度加大，於是形成了強勁、速度極快的下降風。」

◆ 繪製人：徐詩婷（國小五年級）

⑨ 畫給自己看的與畫給別人看的圖，有什麼不一樣？

　　畫給自己看的心智圖，就算是全部都不寫字，光用圖來表現也可以，只要你自己能看懂就好。

　　但是如果要給別人看，就得考量別人能不能看懂我們的思考邏輯，還有我們用的關鍵字詞。必要時得多用幾個關鍵字詞來讓他人理解。

⑩ 心智圖畫好之後可以再修改嗎？還是這樣就好了？

　　心智圖的視覺特色就是沒有侷限性，大腦看到圖像又比看到文字容易自由聯想。

　　一張心智圖看一陣子後總會引起想要修改、重新再畫一張的想法，那就重新再畫吧！因為大腦的思考會不斷地變化，隨時都在重新排列組合，而心智圖是把大腦思考的東西視覺化的工具，所以應該要跟著大腦思考的改變而重新呈現。只要大腦思考不中止，心智圖就沒有畫完、終止的一天。

　　下圖是國小四年級的學生練習創意發想的心智圖，因為是一邊想、一邊畫，所以塗塗改改是正常的，**藉由塗塗改改的過程慢慢地把自己的思考釐清**，所以美觀性並不是最主要的。完成後，可以再重畫成美美的圖。

◆ 主題：如果我是擁有一億美金的大富翁，我想要做什麼？
　 繪製人：王姿婷（國小四年級）

⑪ 同樣一個主題，為什麼我畫的內容跟別人不一樣呢？

　　每個人根據自己的背景知識所抓出來的重點可能會有所不同，加上每個人分類的定義也可能不相同，所以跟別人選擇不一樣的關鍵字是正常的。沒有誰畫得最好，只要你覺得對你來說最容易閱讀理解的心智圖，就是最適合你、最好用的心智圖。平時也可以多多參考別人的心智

圖，把別人的優點學起來，不僅可以了解別人的想法與邏輯，還可以增加自己的繪製功力。

⑫ 為什麼手繪心智圖比用電腦畫的對大腦更有幫助呢？

用手畫心智圖的時候，會運用到我們的視覺記憶、空間記憶、動覺記憶，而使用電腦時就只用到視覺記憶和少許的空間記憶。用手畫插圖可以隨自己的心意想怎麼組合都很方便，但是用電腦就沒這麼自由了，多少就侷限了大腦思考的靈活度。

很多人剛開始畫心智圖時，想說自己的插圖畫得不好，線條畫得不夠流暢漂亮，就乾脆偷懶用電腦畫、用網路上的插圖直接轉貼進來比較快。別忘了囉！大腦就像身上的肌肉一樣，用進廢退，越用會越發達。大腦越偷懶越不用，思考反應就越變越慢，年紀大了越容易提早失智喔！

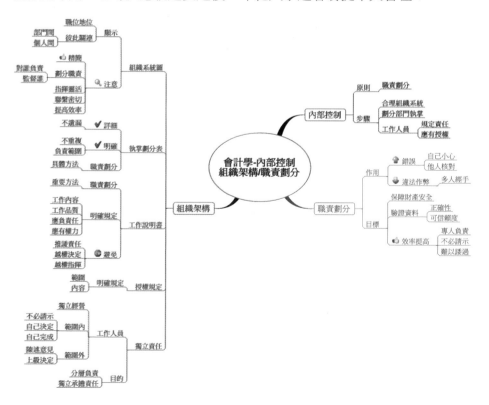

用電腦畫心智圖的好處是，不管內容有多少，都可以放在一張紙內，並且可以隨時修改，不需要重新畫一張。

7・找出關鍵字

❶ 關鍵字在不同分類中但互有關聯，怎麼畫最好？

有時候兩個關鍵字詞之間彼此有關聯性，但還沒有緊密到可以放在同一條脈裡面，所以分屬於兩條脈。或是在兩條脈裡都有提到相同的關鍵字詞。這時就可以用雙箭頭來表示中間的關聯性。畫的時候要注意線條最好不要重疊交錯，這樣會造成視覺上的小小干擾。

◆ 不佳的畫法　　　　　　　　　　◆ 較佳的畫法

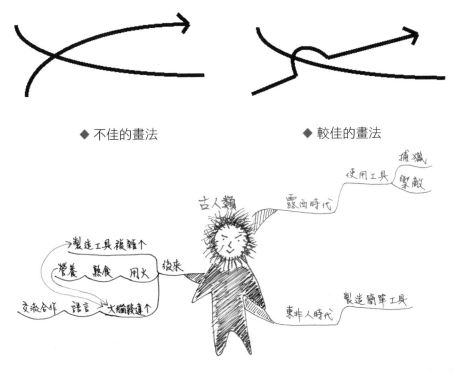

◆ 箭頭表示的是「關連性」：大腦發達幫助古人類製造出更複雜的工具，製造複雜工具也讓大腦越來越發達，而營養則幫助大腦發達。圖中向↑的箭頭代表「越來越複雜」、「越來越發達」的意思，可以用一些圖示來代替文字做表達。

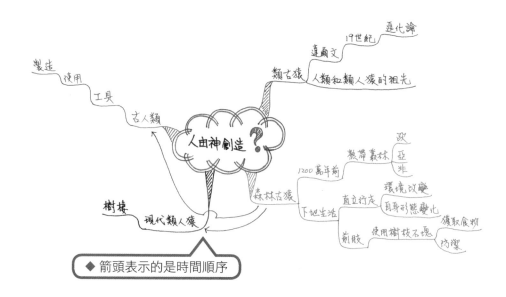

◆ 箭頭表示的是時間順序

能夠重新調整版面配置是最好的，萬一不方便重新畫，那麼線條要畫出「跨越」的感覺，表示這兩條線完全不相干。

❷ 為什麼只能寫關鍵字詞，而不能寫一整個句子？

關鍵字詞容易讓大腦發揮自由聯想的能力，除了不讓大腦思考受到句子的侷限之外，同時大腦也有能力看到一個關鍵字詞就聯想起大量內容。心智圖是要記載去蕪存菁後的結果，所以版面上盡量越簡潔越好。

如果沒有辦法濃縮到最精簡的關鍵字或詞時，就要誠實面對自己的內心：是不是因為自己其實沒有真正理解，處在自以為懂的「假懂狀態」，或是還處於「一知半解」的狀態中。

如果一時半刻還沒有辦法以關鍵字詞呈現，就暫時把整句話寫進來，等一段時間後重新再閱讀這張心智圖，那時你應該就能把它精簡成關鍵字詞了。

③ 如何判斷關鍵字詞？

中文一般而言字詞是四到五個字組成，如果超過就已經算是句子了，因此大家可以用這個方式來檢驗自己寫的到底是關鍵字，還是句子。但是有一些專有名詞、翻譯名詞，就不受四到五個字的長度限制。

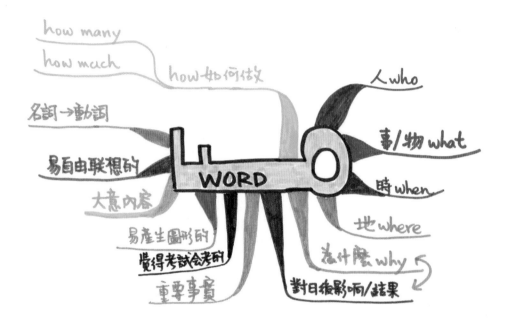

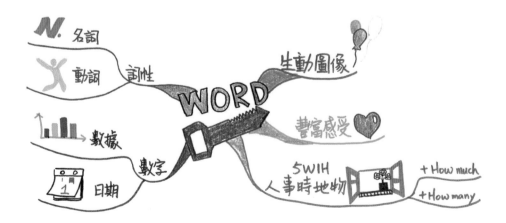

◆ 如果說我們今天要寫下某個
名人說的話，或是名言佳句，
那就得要寫下一整個句子。

天才＝1天份＋99努力

◆ 如果這個名言佳句可以不用整
句記錄，而是可以只記錄涵義
就好，那我們這樣寫也行。

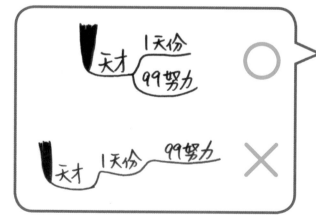

◆ 在這例子中，「天份」
跟「努力」都是用來輔
助說明「天才」的，所
以兩個關鍵字是並列關
係，而非因果關係。所
以我們會畫成上圖，不
會畫成下圖。

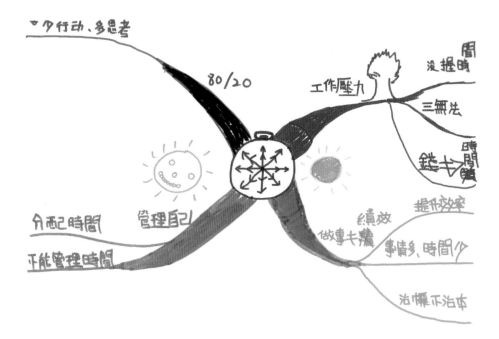

◆ 左上角與右下角已經是最精簡的內容了，左上角「少行動、多思考」也可以改
　成「思考＞行動」，或是「行動↓，思考↑」。右下角「事情多、時間少」就
　很難再精簡了。

④ 為什麼關鍵字詞一定要寫正楷呢？

　　字體潦草容易讓版面變得雜亂，大腦吸收速度就會降低！正楷的字
體容易快速辨認，大腦吸收力就會大大提升喔！

8・層次分類

① 脈可不可以標上順序呢？

　　基本上主脈通常都是依照自己習慣的順序畫下來，就不用再多此一舉
標上 1、2、3、4。除非是要畫給別人看的，怕別人看不懂才特意標上。

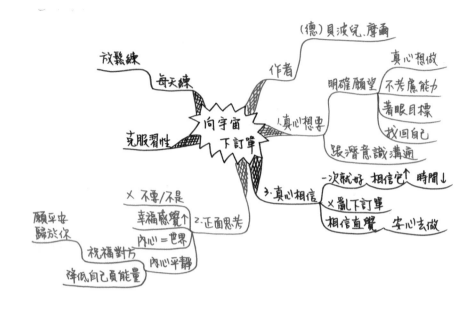

◆ 純文字型的心智圖

基本上同列為主脈表示重要性相等，但是如果個人覺得六條主脈中有重要性的差異時，也可以標註上順序來提醒自己。

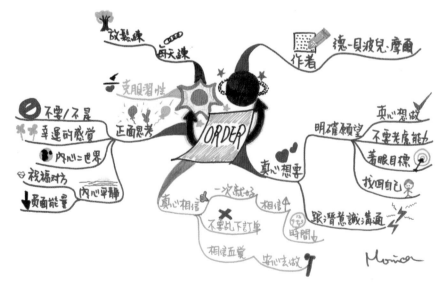

◆ 結合圖像的心智圖

② 線條最好是同方向放射出去嗎？

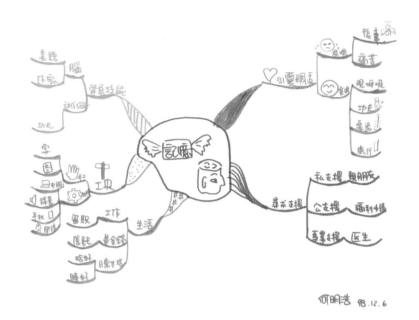

◆ 團體討論主題：假如我永遠失去記憶新東西的能力？
　繪製人：何明浩（汽車研發人員）

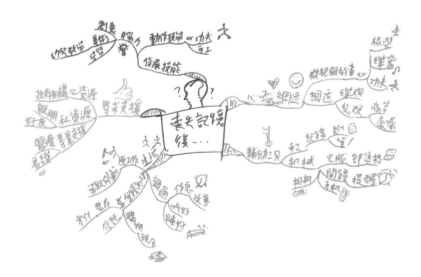

❸ 為什麼主脈數量最好小於 7±2 個？

這個跟我們的記憶寬度有關係。短期記憶的最大容量是一次記住 7±2 的組塊。超過的部分短期記憶根本就記不住。

另一方面，第 191 頁曼陀羅筆記教導我們的是觀察一件事情，只要能從八種思考角度去觀察，就已經涵蓋了所有的思考角度了。如果主脈太多，表示歸納的功夫做得不夠確實，有些內容還可以被合併在一起。

同一條主脈延伸出去的支脈太多，也表示分支的內容歸納功夫不夠確實。

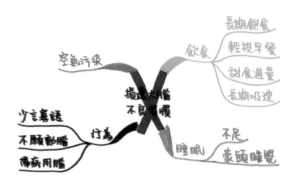

◆ 較佳的畫法

◆ 不佳的畫法

④ 太複雜的心智圖很難記住內容，怎樣讓心智圖上的文字看起來更精簡？

　　心智圖是要把我們整理後的資料去蕪存菁之後，把精華留在版面上就好。只要你覺得這個關鍵字省略後不會影響對心智圖的理解，就可以盡量刪掉。

　　以右圖來說，第二層次的「資源」是重覆的，即使刪除也不影響理解本段內容。另外這張圖還有一個缺點，就是第二層次跟第三層次之間的層次分野並不明顯。

　　所以，整理歸納功夫做得越好，心智圖版面越精簡。對內容的了解度越透徹，越能用更少的文字來提醒我們聯想起更多的文字內容。

⑤ 越重要的內容越接中心主題，那要先畫原因還是結果？

　　答案是都可以！看你的習慣與閱讀方便性來決定。

　　例如：「樹上果實結實累累，每一片葉子都開始由綠轉黃，有些葉子也開始掉落，這都是秋天帶來的消息。」下圖左的畫法是依照文字敘述的順序而畫，僅忠實呈現作者的想法。下圖右的畫法是理解文章意涵後再重新整理的呈現方式。因此第二種畫法顯示出對文章的理解能力較為深入。

　　越靠近中心主題的關鍵字越重要，也決定了我們思考的方向，例如下圖1表示「找女朋友」比較重要，有了女朋友才能交往，接著結婚，最後生小孩。這裡以並聯的方式排列，表示後面的三項內容彼此並非因果關係，也就是說不一定要交往才能結婚，或是不一定要結婚才能生小孩，這是水平思考。下圖2表示交往、結婚、生小孩這三項必須依循此步驟進行，彼此之間帶有因果關係，這是垂直思考。

　　下圖3表示生小孩的重要性最高，因為要生小孩，所以必需要找女朋友，然後交往、結婚。這也就表示只要能達到生小孩的目的，或許不一定要走交女友跟結婚這一個過程，只要能達到「生小孩」的目的，其他的方法也可以填寫進來。（當然，其他的方式恐怕不合法也不符合道德規範）

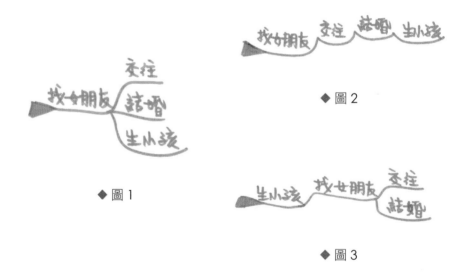

◆ 圖2

◆ 圖1

◆ 圖3

⑥ 什麼是層次呢？為什麼層次最好小於四到五層？

　　對內容越熟悉、越了解，就越能用更少的關鍵字詞來幫我們聯想起更多的內容。如果層次超過四到五層，表示對於內容的熟悉度還不夠，或是去蕪存菁的工作做得不確實，有些內容應該還可以再濃縮。

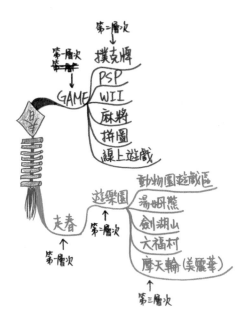

◆ 層次大於四到五層，表示還可以再濃縮。

線條在畫的時候有一些小細節最好注意一下。以下圖來說，第三層次的內容都是由第二層次的「升火工具」延伸發展而來，線條最好都是從同一個點延伸出去。像下圖這樣的畫法，看的時候會稍微要思考一下，到底「扇子」是從「木炭」延伸而來，或是從「升火工具」延伸而來，多多少少會浪費一點閱讀時間。

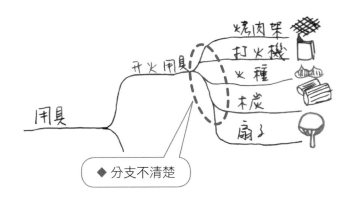

◆ 分支不清楚

❼ 心智圖中還能有小心智圖嗎？

當你覺得這張心智圖裡的某個關鍵字詞，似乎可以獨立出來另外成立一個課題來討論時，就能在旁邊畫上一個小心智圖來提醒我們，還能做其他的延伸。我稱為「心智圖中的心智圖」。

這種作法英文稱為 Mini Mind Map，千萬別誤解成是把心智圖畫得比較小一點喔！

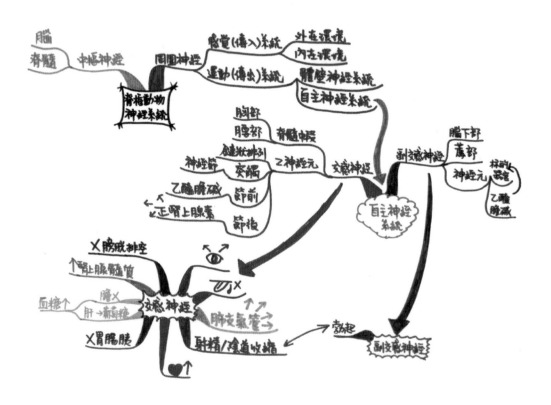

小測驗

心智圖是透過線條把關鍵字彼此之間的邏輯關係連結起來，即使大家找出一樣的關鍵字，各自所畫出的心智圖也不可能一模一樣。

測驗一：閱讀下面這張心智圖右上角第一條脈，思考一下，這一段的內容想要表達下列是哪一種意思呢？

1. 得肺腺癌的患者中，其中 90% 是不吸菸的女性。
2. 得肺腺癌的女性患者中，其中 90% 是不吸菸的。

測驗二與測驗三，任選一項即可。

測驗二：以順時鐘方向閱讀下面這張心智圖，想想本圖要表達什麼樣的內容。閱讀完畢後，再閱讀下一頁的原文，思考一下跟你剛剛理解的主要意思是否一樣？

測驗三：閱讀原文後，不要偷看本書的範例，自己先畫一張，畫完之後比對一下你的心智圖與本書範例，看看哪裡是相同之處，哪裡是不同之處。

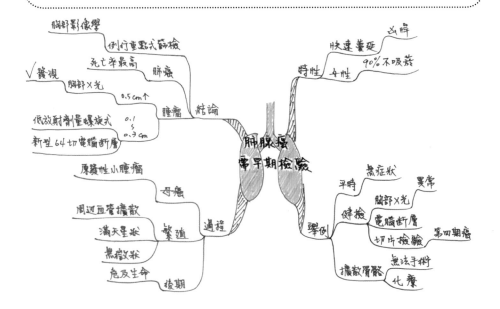

肺腺癌擴散超快，早期偵測很重要

⊙（台中澄清醫院）兩位五十多歲的婦女，拒菸拒酒拒檳榔，卻在健康檢查時赫然發現兩側肺葉都布滿數百顆大小不一的白點，好像被散彈槍打中肺部般，診斷為第四期肺腺癌。澄清醫院中港院區胸腔內科主任吳仁光表示，早期肺腺癌可能只有一顆腫瘤，但幾個月內就會蔓延擴散，是一種凶悍的肺癌。

吳仁光主任表示，在胸腔內科門診連續遇到二位女性肺癌患者，她們平時都沒有任何症狀，在一次例行健康檢查時，在胸部 X 光發現異常，再經電腦斷層和切片檢驗，診斷為第四期肺腺癌，對病人及家屬來說猶如晴天霹靂，一時難於接受此一病情。

吳仁光主任指出，肺腺癌通常會先出現一顆原發性的小腫瘤，姑且稱之為「母癌」，很快就會隨著周邊的血管到處「繁殖」，即使在肺部出現滿天星似的腫瘤，患者可能還毫無明顯的症狀，等到被檢查出來，往往已是後期的病情，立即危及病人的生命。

更可怕的是兩位患者的肺腺癌都已轉移到骨骼。由於兩位患者的兩側肺葉已布滿數百顆 0.2 公分到 0.5 公分的腫瘤外，很明顯有一顆特別大，約 3 公分左右，這就是所謂的「母癌」。兩位患者的病情已無法進行手術治療，目前都接受化療，病情已較穩定。

吳仁光主任表示，肺癌即使到後期，都有可能毫無明顯的症狀，因此例行重點式的篩檢就顯得特別重要。國人死亡率最高的肺癌，尤其是肺腺癌，女性患者 90% 皆不曾吸菸，由於部份的血液腫瘤指標敏感度不高，胸部影像學往往是最重要的檢查項目。傳統的胸部 X 光有其一定的限制，腫瘤約在 0.5 公分時，才會被 X 光發現，而低放射劑量螺旋式或新型 64 切電腦斷層，可將偵測癌腫瘤縮小至 0.1 到 0.3 公分大小，較能早期偵測腫瘤的存在，因此早期發現肺癌是十分重要，民眾最好養成定期檢查的習慣。

■ **資料來源**：德桃癌症資訊網

Chapter

心智圖實務運用

1・心智圖的四種激發形式

　　同一堂課，我收到截然不同的反應。

　　小益說：「我覺得這很難耶，因為我在畫的時候，會覺得這樣畫好像可以，但又好像那樣畫會更好，我還是不知道怎麼畫會比較好。」

　　小恕說：「我覺得這很簡單耶，在畫的時候會發現，本來自己是這樣畫的，畫出來後又覺得那樣畫會更好，所以我就修改了，這真的很簡單好用。」

　　定型心態者，深信能力跟智力都是固定不變的，把才能視為個人所本來就具備的或是本來就缺乏的。不管他口中的理由是什麼，只要遇到挫折幾乎會立刻放棄，去尋找其他可以立即成功的事情，會主動避開失敗跟吃苦，只想或只能讓別人看到自己的優點。因為迴避失敗，所以會逐漸養成玻璃心，喪失承擔風險的的意志力。

　　成長心態者，深信能力跟智力是流動式的。認為眼前的難關正是自我成長的好機會，失敗了也不會認為自己很無能，會回想過程並深刻反省自己，具有忍受困難的傾向。喜歡挑戰，努力學習，而且一直都能看出培養新技能的可能性。**(註❶)**

　　人生的一切本就不完美（只有神的世界才會存在完美），失敗無法避免，重要的是快速改正錯誤。為了更上一層樓，遠離舒適圈，樂觀地看待失敗是不可或缺的心態。

（註❶）：成長心態理論由史丹佛大學卡蘿・杜維克（Carol Dweck）提出。成長心態的概念開始滲透到教育和體育訓練等領域。固定心態組織通常會強調應徵者的資歷，以及過去的成就，很自然地會從外部尋找人才。成長心態組織重視潛力、能力和學習熱忱，不聚焦在出身背景，尋找喜歡挑戰、希望成長，以及願意合作的人，可能會從內部拔擢人才。

從心智圖對思考的激發來看,我將它分類為四種形式:

❶ 從無到有的創造型心智圖

當我們想要解決某些事情,但是還不知道要怎麼做,經由一番思考後才有解答的過程,屬於「從無到有」的思考方式,自然就會傾向於創造力的表現,所以我命名為「創造型心智圖」。

運用領域有腦力激盪、產品開發、活動企劃、目標設定等。

美國工業設計師彼得‧斯基爾曼提出產生創意的首要原則是「創意源自行動(註❷)。製作從無到有的創造型心智圖時,別以為會有完美的過程,先行動,不斷地試錯、不斷地改錯,才是最好的過程。

❷ 從有到有的整理型心智圖

「從有到有」的思考方式是將原本 A 型態的資料(可以是我原有腦中想法或是手中文件),化為 B 型態的呈現方式。我們需要把這些資料整理出比較有邏輯、可以運用的資訊,需要運用我們大腦整理歸納與分析能力,所以我稱之為「整理型心智圖」。你也可以稱之為「分析型」、「歸納型」。

運用領域有行事曆規劃、讀書計劃、閱讀筆記、聽講筆記、會議記錄等。

賈伯斯在 2005 年對史丹福大學畢業生的演講:「如果我沒有退學,我就不會著迷於書法課,個人電腦就不會有今天各種優美的字體。當然我在念大學時,無法預見如何將這些點滴聯繫在一起,但是十年後再回顧,真的就非常、非常清楚。」

(註❷):彼得‧斯基爾曼(Peter Skillman)發明一個叫做「棉花糖挑戰」的團隊競賽練習。四人一組,每組有十八分鐘建構出最高的獨立式結構。必須使用二十根義大利麵條、膠帶細繩以及一顆棉花糖,而最後的結構體,要能把棉花糖放在頂端。

　　我唸輔仁大學織品服裝學系時，講到「流行」這個概念，對其中兩個字眼印象很深：「趨勢 Trend」、「風潮 Fad」，趨勢是長時間的，風潮是短時間的，例如厚奶茶或透明奶茶。

　　進行流行趨勢預測時，我們總希望找到趨勢而不是風潮。學校老師要我們挖掘趨勢背後的人性與文化，並觀察它的流變。在我工作一年後，回頭看以前的作業，立即就發現求學時代的我是第一次被要求進行這樣的觀察，我當時已經想破了頭，但觀察角度還是很稚嫩與表面。

　　為什麼才一年的實務工作，就讓我發現過去的觀察角度很稚嫩、表面呢？

　　這個問題問錯了，應該是四年的大學時間，加一年的實務工作。

　　我想告訴你的答案就是「長期整理」的重要。畢竟趨勢並非一朝一夕突然崛起，新趨勢先期會有一段令人感到新奇新穎的過程，但若缺乏發揮人類的基本生理或心理需求，就無法只靠新鮮感延續。

　　許多看似無用的動作，其實是一種準備。你若不想自己在工作或生活中的創意只能被使用一次，就像風潮一樣短暫，就必須落實持續整理，並投資大量時間使用心智圖進行整理。

　　如果說「整理」是「發揮創意」的基本功，一點也不為過。

❸ 從有到無的提示型心智圖

　　「從有到無」是將 A 腦中或手中有完整的資訊，傳到到沒有相關資訊的 B 腦中。例如說話者手上有心智圖的大綱與內容，表達時就看著這上面少數的關鍵字詞來提示自己，大腦立刻能轉化為流暢且讓別人能聽懂的口語內容。

　　運用領域有作文大綱、演講稿的摘要或提示、受訪準備等溝通前的構思。

④ 從無到無的溝通型心智圖

雙方在討論如何解決問題時，剛開始可能還處於腦袋空空甚至腦中想法渾沌不明的狀態，雙方都不清楚到底要怎麼處理才最好。藉由你一言我一語的逐步取得共識，討論完時雙方腦中都把今天談的主要內容記住了，手上的心智圖記錄只是留著日後備查使用的，自己已經將心智圖上的內容內化記在心理了，達到武俠小說中的「無招勝有招」的境界，故我將此最高境界稱為「從無到無」。

「溝通型」是「整理型」的延伸運用，我們必須一邊講、一邊把我自己講的重點以關鍵字與線條的方式呈現給對方知道，同時也必須把對方所回應的內容隨時增補修改於上。

這種溝通的最高境界是在溝通過程中使用心智圖，可讓雙方眼睛看到關鍵字與線條所勾勒出的關聯性，雙方能明確不斷地進行確認對方意思而不容易產生誤解。

運用領域有自我介紹（個人履歷）和會議簡報。

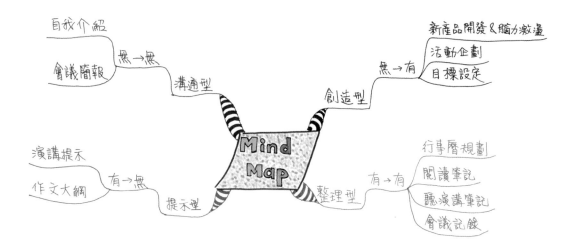

2·從無到有的創造型心智圖

突然一聲大喊「啊哈！」或「Eureka！」(註❸)的創意故事很吸引目光，讓人忘了去注意在「啊哈！」之前，主角到底做了什麼事。

每次講創意，就得說服大家接受這個觀念：靈光乍現的頓悟，是來自於你對某個問題想破頭的積累。

決定創意思考的結果是好是壞的，不是你到底要選 A 還是 B，而是你用什麼樣的心態在進行選擇。

近年來，台灣逐漸談論起「設計思考」的創意思考，不僅是用在產品設計上，也可用在工作流程設計上，例如玉山銀行調整流程後，讓線上核貸的速度快四倍，就是最好的案例。

設計思考其實不新，我在 1990 年代就讀輔仁大學織品服裝學系時，老師們教導我們如何進行紡織品設計時，正是運用設計思考。

設計思考是一套流程，從使用者的角度出發，以人為本的核心價值，設計出最貼近使用者的產品。(註❹)它不是毫無任何限制的進行擴散思考，必須在以使用者為中心的架構下進行創造力的發想。

結合心智圖來進行設計思考，能幫我們更容易聚焦、更容易集思廣

（註❸）：阿基米德發現排水量跟物體重量相同時，大喊了一聲「Eureka！」意思是我找到了。

（註❹）：設計思考（Design Thinking）是美國設計公司 IDEO 創辦人大衛·凱利（David Kelly）歸納出的一套流程。史丹佛大學 D-School 的設計思考訓練，提出一些在設計思考中具備的精神：

1·**以人為本**：以使用者觀點去體驗、去同理感觸，以達到真正最貼近使用者的設計。

2·**及早失敗**：鼓勵及早失敗，寧可在早期成本與時間投入相對較少的狀況，早點知道失敗，並作相對應的修正。損失較不嚴重。

3·**跨域團隊合作**：不同領域背景成員，具有不同專長、不同觀點看待事物。透過不同的觀點討論，也更容易激發出更多創新的可能。

4·**做中學習**：動手學習，實地的動手去做出原型。不論成功與否，都能由實作的過程中，更進一步去學習。

5·**同理心**：用使用者角度看世界，同理他人，感同身受的去體驗。

6·**快速原型製作**：原型的製作，由粗略且簡易的模型開始。以供快速反覆的修正。

益、更容易看清做選擇時的己身心態。

姑且不論各門各派的思考法名稱與定義，創意力必須奠基在觀察力之上。觀察力是能透過閱讀周遭環境、拆解周遭環境、理解周遭環境，最後是看懂周遭環境事物背後的價值與涵義。需要將眼耳鼻舌身所吸收到的現象與感受，化繁為簡。

化繁為簡，不正是心智圖的核心嗎？

總之，心智圖是創意思考時，很棒的使用工具！

心智圖是一張可以清楚看出我們思考軌跡的圖，而思考軌跡是一種動態的過程，很難單純用文字的方式來形容，但是在課程中，我會用我自己研發的方法來引導同學，盡量一次就能畫出邏輯清楚、美觀、好記憶的心智圖。

以下僅能就已經繪製好的心智圖，呈現給各位來了解心智圖還可以運用在哪些地方，同時也盡可能地詳述在從無到有的創造過程中，我們應該注意哪些事項。

❶ 產品開發與腦力激盪

很多企業用心智圖來進行腦力激盪，大概是這種做法太普遍了，使得有時初認識心智圖這項工具的人會問我：「心智圖只能用在腦力激盪嗎？」

腦力激盪的概念在 1930 年代由廣告公司提出。談腦力激盪的書很多，尤其是教你如何發揮創意的書都會提到腦力激盪，無非就是用各種團體活動的方法讓大家把自己的想法講出來，越多越好。本書接下來不再細談腦力激盪，而將重點放在如何運用心智圖去呈現腦力激盪的結果，也盡量用淺顯的字詞去簡單說明腦力激盪的步驟。

腦力激盪第一階段的基本原則就是：

◆ 寫出越多想法越好

◆ 不要用左腦的邏輯去思考：「這個想法好不好？」

◆ 追求想法的「數量」大於追求想法的「品質」

①腦力激盪的中心思想是集思廣益

　　我常說，腦力激盪就是運用團體的力量，借別人的嘴巴來補自己的不足，所以不論你的想法是大是小，自覺想法是誇張還是離譜，請通通寫下來，除了不要否定自己的答案，也不要否定別人的答案。

　　先追求各種「可能性」，先不要去想「可行性」。

　　第一個階段所寫出的想法，都是一種 idea、點子、創意，但還不是創造力（創造力＝創意＋可被執行的方法）。剛開始時都會想，這個想法會不會太小了？這個想法會不會很無聊？這個想法好像是太誇張了？在這個階段請你先拋棄這些「自我批評」的念頭，把你的想法寫下來就是了。這個階段別抓大放小喔！要想辦法不放過所有的細微之處，探究每個細節。

　　例如：手機新品開發第一階段。列出希望手機具備哪些功能？為了能在書中有限的版面呈現清晰畫面，僅列出三十三個答案。在 110 頁第一階段心智圖的答案內容，並非本段要呈現的重點，請大家把注意力放在怎樣用心智圖呈現的技巧上。

　　第二階段開始把大家的點子做分類。每個想法都一定要有它所屬的類別，分類的動作很重要，在彙整歸類的過程中，因為我們大腦的聯想力發揮作用，一定會產生新的點子，就把點子補上心智圖。要有效地一次就解決問題，必須要深入細節。耐心蒐集所有意見，仔細詢問每個人，弄清楚每個想法的細節。討論過程中，嘗試用各種思考角度去歸納分類，找出因果關係。例如 111 頁第二階段的心智圖。整理出手機具備哪些功能。

　　第三階段再用邏輯力分析這些想法的重要性。例如：這是我們想要

開發的方向嗎？是基本的配備功能還是附加價值的功能？是消費者重視的功能嗎？能拉大我們跟競爭者的距離嗎？

然後開始將重心放在「選出我們想要做的 idea」。這階段我們要開始收斂想法，討論中若產生新的想法，可隨時增減上去。例如 111 頁手機新產品開發的腦力激盪第三階段心智圖，列出我們要發展的手機功能。

②先有想法，再思考做法

腦力激盪第一到第二階段是追求先有想法，第三階段是確認想法的重要性，第四階段再來思考做法，一一分析每個點子的可行性。例如有哪些是我們現階段技術做不到的？我們需要什麼樣的技術來輔助完成？需要多少經費？需要什麼樣的人才來完成？需要多少時間去完成？思考角度不外乎透過 5W2H 來做腦力激盪，請參考 112 頁活動企劃的章節。

例如手機新產品開發第四階段，可以列出我們研發手機新功能的可行性，最後就是我們要發展的目標。

③凡事都有可能

一開始我就強調，腦力激盪時不要否定自己的答案，也不要否定別人的答案。

下頁的第一階段心智圖範例中，有一項令我感到又憂又喜的後續發展。2002 年的課程中，有個女生說：「手機要有電擊棒的功能。」當時很多人都覺得太好笑了，這種想法很誇張。

2014 年 5 月 26 日我在晨間新聞上看到，一個美國爸爸為了美麗的大學女兒，開發了一款具備電擊棒功能的手機套，在美國非常熱賣。於是這個美國爸爸趁勝追擊地開發出胡椒噴霧功能的手機套。

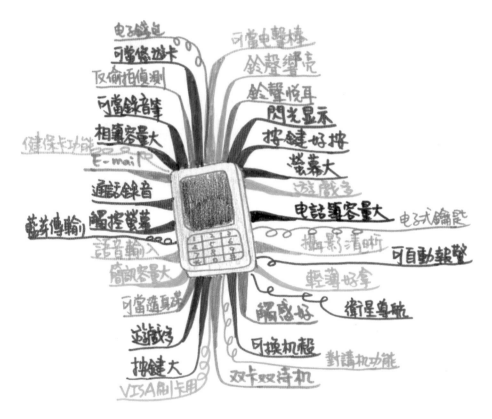

◆ 第一階段的心智圖

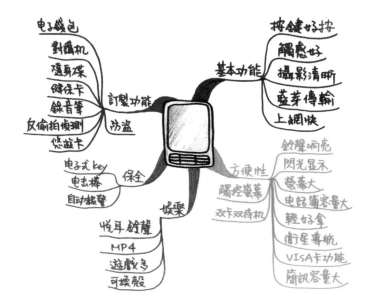

◆ 第二階段的心智圖

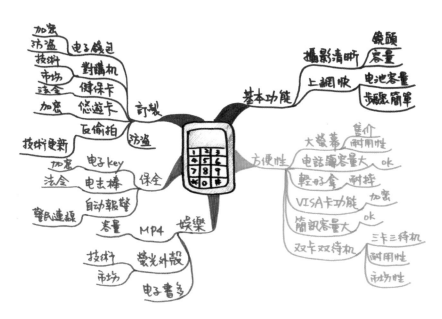

◆ 第三階段的心智圖

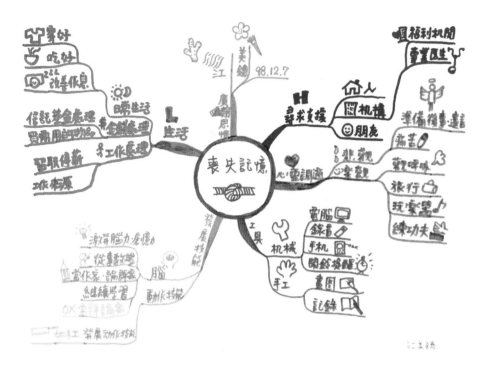

◆ 學員腦力激盪後的心智圖：假設我失去記憶該怎麼做？
　繪製人：江美鑠

　　這是美鑠人生第一張心智圖。雖然記錄的內容很多，右上角可以清楚地由色塊分辨出不同脈的內容。唯一缺點是左下角的用色相對偏淺，對於記憶深刻度的刺激較弱。

❷ 活動企劃

　　謝健南想要改變台灣農業的最大問題——「生產」與「銷售」兩端之間的連結。他剛接手全聯福利中心的執行長職位時，就以心智圖的方式在 A4 紙上進行改變台灣農業的企劃，中心主題是「計劃生產」，從選擇供應商到選擇產地，最終到廚餘回收，延伸出密密麻麻的脈絡。透過這張心智圖，謝健南也比較好跟相關人士進行溝通。

坊間有很多談企劃的書，根據企劃的內容不同，要注意的重點也不一樣。基本上一定要有 5W2H：Who（人）、What（事／物）、When（時）、Where（地）、Why（原因）、How（如何做）、How much（多少錢）或 How many（多少數量）、影響與結果。

下個範例 1 是我在課堂上讓學生練習規劃中秋節烤肉活動的相關器具與食物，因為這是同學們這輩子第一張心智圖，大家才剛開始練習怎樣畫，所以我給的題目就僅限於器具與食物的範疇。各位讀者可以練習把平時的購物清單改成以心智圖方式來製作。

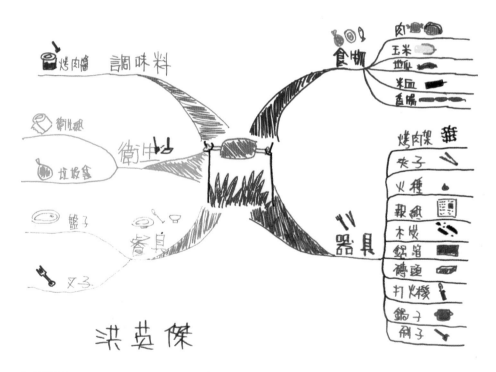

◆ 範例 1
　　規劃清單練習：烤肉要準備哪些東西？
　　繪製人：洪英傑（電腦工程師）

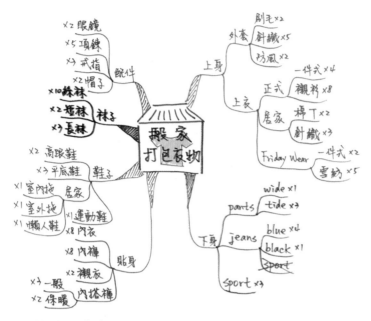

◆ 範例 **2**：搬家

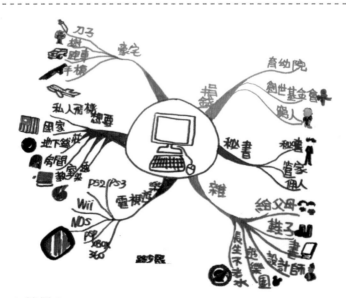

◆ 範例 **3**
創意發想練習：假設我是比爾蓋茲
繪製人：路少熙（國小五年級）

③ 目標設定

在我從事教學工作後，常有人私下問我：「那個人，你看怎樣？」

有時，對方是想要延攬那個人來當自己的左右手。

有時，對方是想要向那個人求教。

有時，對方是想測試一下我，看我怎麼分析與判斷的。

有時，對方是在那個人身上吃虧了，想要向我求證對方的好壞。

總之，前兩項的人，他問的目的是想要找到「對的人」來幫忙自己。在此，我們就來談談，如何「找到對的成功人士」，向他學習成功方法。

我把「對的成功人士」，定義成「具有良好思維模式的成功者」。同時我定義「良好」為「持續踏著進步的腳步」。組合起來就是「具有持續踏著進步腳步的思維的成功者」才是我們應該學習的對象。

我沒有閱人無數，也喜歡宅在家裡當 couch potato 看燒腦的推理劇，但我從戲劇中體會到兩項心得：

1. 成功一次是偶然，多次成功才是真功夫。
2. 成功者在成功後做的事情，才是判斷成功者的關鍵點。

成語「禍福相依」或俗語「塞翁失馬，焉知非福」兩者用不同角度講同一件事。

成功的經驗代表我們做對事，代表原本的知識與能力都夠讓我們來解決這個問題。換個角度想，這段成功經驗，我們似乎沒有開發出新能力？

因此，成功是福？是禍？

成功會帶來快樂感，要讓成功是福，就必須要在成功之後，不耽溺於原有的成功快樂感中。成功後馬上再設下一個新的目標，才能「持續踏著進步的腳步」。

　　所以除了在工作上要進行目標設定外，你也必須為你的人生進行目標設定（人生夢想的設定），現在就讓我們用心智圖來製做你的夢想板，固化你的良好思維模式！

　　目標設定的好處是幫助你找出你真正想要的東西（沒有達到會覺得你會死的那種）。在坊間也有很多目標設定與自我成長好書能激勵你，我也很鼓勵你應該多多閱讀這一類的文章，能幫助你做事情更有堅定的意志。書店排行榜上的書不一定能讓你產生共鳴，你只要到書店去翻閱自己覺得順眼的書就可以買回家看，能讓你產生共鳴的書，才能真正的激勵你。

　　講到目標設定，就非得認識由管理學大師彼得‧杜拉克於 1954 年提出的 SMART 原則不可。

　　S.M.A.R.T 分別是五個字的縮寫，目標必須同時符合這五個條件（缺一不可），才算是好的設定：

1. 具體的（Specific）
2. 可衡量的（Measurable）
3. 可以達到的（Attainable）
4. 具有相關性（Relevant）
5. 明確的截止期限（Time-based）

①第一階段

　　第一張心智圖先列出自己三到五年後想要的未來景象。寫得越具體越好，盡量不要寫很模糊的概念。例如：「我要購買八百萬的房子」好過於「我要買一間房子」、「我要在四十歲前有存款三百萬」好過於「我要變成有錢人」、「我要每個月帶家人出去聚餐一次」好過於「我要多陪陪家人」。

②第二階段

分析出哪些目標是別人要求我或是希望我達成的？哪些目標是因為身份責任而產生的？哪些目標是我內心想要的？哪些目標是我現在真心想要，而且是我現在可以做得到的？

請誠實面對自己，問自己這些問題是要釐清剛剛你寫下的那些目標，是你真心想要的目標嗎？如果不是的話，請對這個目標斷捨離吧！

那些不是你真心想要的目標，你肯定會因為一些不順的事，就立刻放棄這些目標。

③第三階段

在第二階段列出的目標下，思考我可以做的具體行為是什麼？例如：「在重要的節日裡陪在家人的身邊」好過於「我要多陪陪家人」、「每天睡前跟小孩聊天十分鐘」好過於「比現在用更多的時間去陪小孩」。

為了達到某項目標，把你必須要做的每個動作寫下來。這裡的思考重點是「要非常非常具體的行為才行」，套用管理上的說法是「具體的任務」。

以上三個階段的思考過程，缺一不可，順序也不能更動，否則你應該會設錯目標，或是錯把目標當任務，或是錯把任務當目標，很快又會回到過去一團亂的狀態。

人生的目標設定，就是人生夢想的設定。心智圖進行夢想板活動時，總會有學員發現藉由心智圖來逐一開展自己的思緒，使得達成夢想不再是遙不可及或是癡人說夢。

曾有一個學員在半年後告訴我，當初聽我的話回家老老實實做的一年期的夢想板，竟然半年就達標了，讓他興奮不已，於是在達標的當天，他立刻又做了新的夢想板。

夢想板完成後，緊接著就用心智圖來提升行事曆規劃的效率吧！這部分可參考第 119 頁到第 121 頁。

未來 **3 ～ 5** 年人生目標設定

◆ 繪製人：張雅婷（會計）

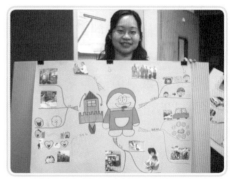

◆ 繪製人：陳玥伶（幼教老師）　　　◆ 繪製人：陳郁璇（會計）

這裡放上幾張學生在課堂練習時所做的圖。
目標設定是很個人化的，上面的內容與意義當
然是只有他自己才看得懂。

3‧從有到有的整理型心智圖

企業管理有許多方法都需要用到分析、歸納。例如：

◆ **雙值分析**：列出優點與缺點，以方便做出決定。
◆ **SWOT 分析**：列出優勢（Stregths）、劣勢（Weaknesses）、機會（Opportunities）和威脅（Threats），用在制定發展戰略前的分析及定位。
◆ **PEST 分析**：機會與一般外在環境分析，意謂一方之機會即是另一方的威脅，其基本組成即是 PEST 分析，為政治（Political）、經濟（Economic）、社會（Social）與技術（Technological）。

各位若想要增強自己的分析與規劃能力，建議大家多多閱讀企業管理書籍，這些企業管理方法也可以用在分析自我、管理自我。

❶ 行事曆規劃

你可以在行事曆心智圖的中心主題部分，寫上日期與本周目標重點，如果本周重點有很多個，建議第一條主脈就用來記錄「本周目標」。這種表現方式可以說是「To do list 待辦清單」的改良法，比起傳統條列式的待辦清單，更容易看出哪些事情是重要事項。

①畫法 1

請看 120 頁上圖的「行事曆規劃 -1」，用一天代表一條脈的方式來畫，很容易就可以知道是否某一天的事情安排太多。

每完成一項內容，也可以在圖上直接劃掉，或是用打勾的方式來註記。一周結束，就可以很方便地看出自己的時間掌握有沒有問題？也能發現自己有沒有拖延的習慣？

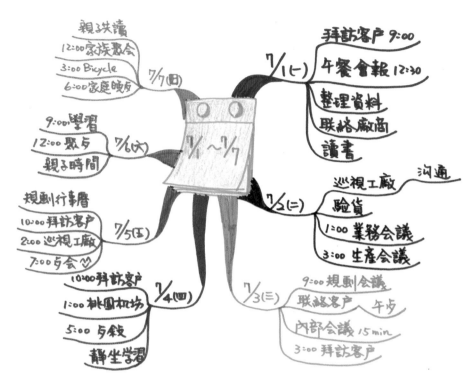

◆ 行事曆規劃 -1

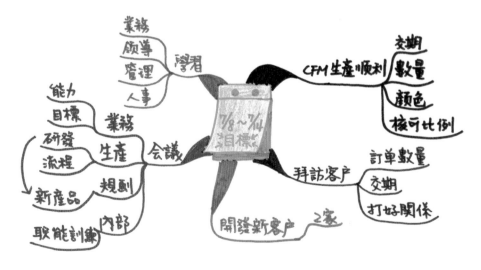

◆ 行事曆規劃 -2

②畫法 2

請看 120 頁下圖的「行事曆規劃 -2」，心智圖的主脈決定了整張圖的架構，每條主脈代表本周需要完成的重要事項。

② 閱讀筆記

一般的學習方式，多數強調確實吸收別人給予的知識。這種方式存在於多數校園中，並非真正的主動式學習。不考試，就不會去念書，屬於他律。

較有勇氣的人，通常是願意挑戰心理恐懼與忍受精神折磨的人，會用「自學」方式主動去尋找並了解知識。這些人屬於自律。

多數人不會特別去弄清楚「何謂學習」，擅長學習的人，都有明確的目標，換句話說，就是清楚知道學會以後要用來做什麼，也清楚知道具有幫助自己達成學習目標的流程：

1. 根據明確的學習目標，尋找需要的資源與工具。心智圖就是最好的學習筆記工具。

2. 專注在學習的核心問題上，不急著解決眼前的表面問題（例如：這次做不好或考試成績不好），會去尋找隱藏在問題背後的真正問題，想辦法解決。即使問題解決了，還會再三確認問題不再發生。在美國投資界與巴菲特齊名的霍華‧馬克斯提出投資的「第二層思考」正是這個概念。**（註 ⑤）** 第二層思考就是深入思考，會消耗大量腦力，所以很少人願意踏入。只要你願意踏入第二層思考，當你在學習中，不斷地使用心智圖進行筆記記錄，就可以很容易讓你隨時回顧與審視自己是否停留在表面問題上。

（註 ⑤）：霍華‧馬克思在《投資最重要的事：一本股神巴菲特讀了兩遍的書》提出「第二層思考」是成功投資者的必要條件，商業週刊出版社，2017/2/3 出版。

3. 在學習過程中，保持認識自己的思緒是如何運作的。透過心智圖
  很容易讓自己看清楚自己的思緒如何流動，並讓自己隨時檢驗是
  否偏離學習路徑。

　　在前面第三章第四節＜繪製心智圖的步驟範例＞所舉的例子，就是
由文章整理成心智圖，透過圖上的關鍵字與線條來表現各個關鍵字之間
的關係，我們可以看著這張圖就回想起原本大量的文章內容，這就是心
智圖運用於整理筆記的好處。

　　多數人也不會特別去弄清楚「如何學習」，甚至誤以為背書就是學
習，儘管很多人必須「一讀再讀」才能記住書中內容，但這並非正確作
法。事實上有時會因為不了解文句而重讀、複習不當而忘記、腦中資料
混淆不清等因素而必須一讀再讀。這種情形並非真正第一次就看完，而
是看了很多次但每次僅吸收一小部分，所以誤以為自己只看一次就看完
了。

　　中心主題就是這篇文章的標題，但是我們不一定要用作者寫的文章
標題來當作心智圖的中心主題，你可以依據自己閱讀後的想法去訂定中
心主題。所以閱讀筆記必須是將文章全部閱讀完之後，在腦中思考整理
一下，再開始畫，這樣才能鍛鍊大腦獨立的思考能力與理解力，而不是
當一個覆述作者想法的鸚鵡。假設是邊閱讀邊畫心智圖的方式，因為腦
中對於後面的內容還不了解，所以容易抓太多的次要關鍵字寫下來，心
智圖容易變得複雜，因為主要重點、次要重點都被我們寫下來了，這樣
就缺少訓練大腦去抓主要重點的練習。

百分比	重要程度	對應到心智圖的結構中	補充說明：兩者相加起來比例大約是介於 5% ～ 60%，如果是教科書，就有可能是 60%，如果是報紙的副刊，就有可能是 5%。
5 ～ 20%	主要重點	相當於是主脈，也就是第一層次，也有可能延伸到第二層次。	
40%	次要重點	相當於是第二層次～第三層次。但也有可能延伸到第五層次。	
40%	輔助說明的文字	根本不應該記錄在心智圖上。	了解後即可，不需再看第二遍

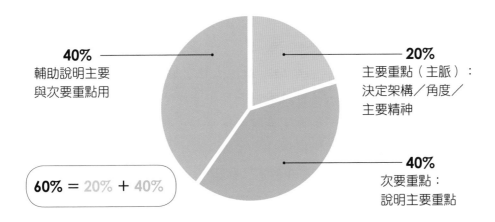

40%
輔助說明主要
與次要重點用

20%
主要重點（主脈）：
決定架構／角度／
主要精神

40%
次要重點：
說明主要重點

60% = 20% + 40%

①搭配 SQ3R 學習法

　　美國俄亥俄州州立大學心理學教授羅賓遜（F. P. Robinson）1946年提出一套閱讀策略「SQ3R」，在美國高中被廣泛使用。「SQ3R」分別代表縱覽（Sirvey）、發問（Question）、閱讀（Read）、背誦（Recite）、複習（Review）。

　　第一步先讓學生分組，在有限時間內（例如十分鐘），閱讀長篇學術文章並簡報大意。經過幾次強迫練習後，學生不得不學會快速縱覽，

辨認不同層次的大標題、小標題、主題句，從結構抓出文章大意、論述邏輯。**接著讓學生練習找出問題意識，將文章標題轉化為問句，然後在內文裡「找答案」。**如此一來，閱讀原文課本時就有清楚目標而不易迷失，效率也跟著提升。最後，把課本蓋上，回想問題意識和內文間的邏輯、論點，重複做幾次就能強化記憶。**學會拆解段落與辨識邏輯的閱讀方法後，下一步是轉換成寫作能力。**「聽見自己混亂的講解以後，才知道原來理解不夠。」不同學習風格的學生適合不同學習方式，例如，有些學生是行動型學習者，比起單向講課，更喜歡動手實作、小組討論；有些則是圖像型，透過圖片、流程圖、影片學習時，記憶效果較好。

②出現閱讀停頓時的解決方法

當我們發現自己的學習速度或是反應變慢時，就表示我們已經不理解某些字詞了，有時候不理解的可能是一個字、一句話、概念、想法。

1. **這時請回到上一個章節重新再「唸」過一次。一定要用嘴巴「唸出來」。**一個對於書中內容完全理解的人，能夠將內容完美地表達出來，也會覺得頭腦清晰，並對內容都很了解。如果唸錯、增減字、速度變慢、緊張、皺眉頭、結巴，出現這些行為反應，就可能是有我們不了解的地方。

2. **以自己的話語重新解釋一次這個部份，或以圖示的方式重新呈現這部份的意思。**

3. **必要時請別忘記查字典，有時候看似簡單的字，卻是讓我們陷入困惑的地方。**例如「但願人長久，千里共嬋娟」，每到中秋節的廣告都有這兩句話，請問「嬋娟」的意思為何？請問「曖昧」的意思為何？

透過理解行為、引發動機、掌握方法，可以擺脫「學不好」的命運，自我培養為「專業學習者」，大幅提升學習成效。

　　學生讀書是為了建構思考能力，建構思考能力本身就不是一件簡單的事情，很多人在學生時代被考試壓力給轉移了讀書方向，讀書變成是為考試而讀。學生面臨到一種威脅感：好好讀書然後接受好的成果或壞的成果，不然就是不好好讀書然後接受壞的成果。

　　學生通常寧願選擇不好好讀書。因為萬一好好讀書卻有了壞的成果，那不是表示自己「很差」、「不聰明」、「無能」嗎？如果不好好讀書，只要說：「我根本就沒有興趣，所以就沒有讀，考不好是預料中的事情。」那就夠了。可以避免面對自尊受損的威脅，還可以有十足的藉口來面對失敗。不過即使有好好讀書但是成績在 70 ～ 80 分之間的學生，也有可能用同樣的說詞來做為沒有盡全力讀書的藉口。

　　在 Tony Buzan 著作《頭腦使用手冊》新版的書中就有記載，一個平時成績 C 級的英國高中生愛德華修斯，在 1982 年閱讀這本書後，把過去高中兩年的書籍每一科都繪製成心智圖，複習時只看心智圖。

　　大約半年後參加劍橋大學的入學考試，成績揭曉：地理第一名、地理獎學金論文第一名、中世紀史第一名、商業研究第一名，引起相當大的震撼。上了劍橋大學後，他指出一般英國學生都是花大約十二小時才把一篇文章讀完，並做完條列式筆記，然後再花兩三天的時間寫完讀書心得報告。至少要花上四十八小時才能完成一篇讀書心得報告。

　　愛德華修斯把心智圖用在擬定讀書計劃上。一周五天，每天花三小時把書的內容整理成心智圖，然後快速閱讀，有任何想法就隨時增減。

　　然後用本書「從無到有」的提示型心智圖來擬定讀書心得大綱，因此就能在四十五分鐘內寫完一篇讀書心得報告。大學畢業考試時，愛德華修斯也獲得了四個 A 級成績與兩個特優。

　　如果你也能像愛德華修斯一樣，很認真地把心智圖用在你需要研讀的項目中，真正落實在建構你的思考能力上，「學習如何思考、學習如何學習、學習如何創造」，而不是將學習重心放在準備應付考試上，你也能創造不可思議的奇蹟。

◆〈時間管理〉閱讀筆記 1

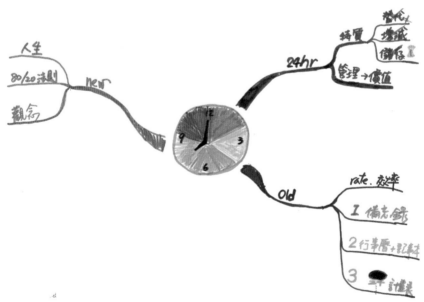

◆〈時間管理〉閱讀筆記 2

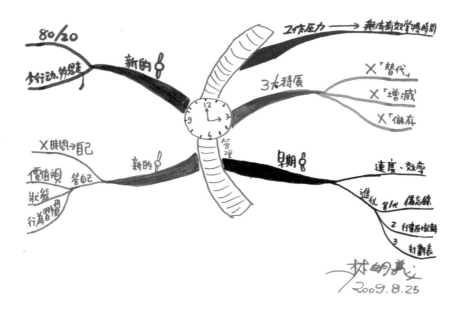

◆〈時間管理〉閱讀筆記 3

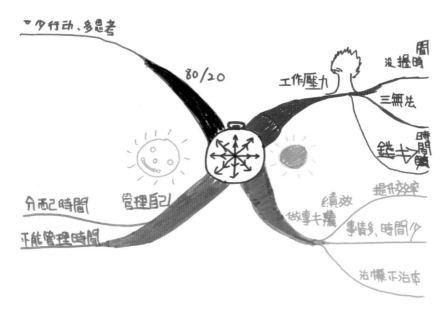

◆〈時間管理〉閱讀筆記 4

　　126 頁到 127 頁是不同的人練習製作《眼腦直映快讀法》154 頁〈時間管理〉一文的閱讀筆記。即使讀同一篇文章，但因為每個人的背景經驗不同、思考切入角度不同、需求不同，因此所抓取的關鍵字也不盡相同。

　　假設我們所整理的內容是需要記憶的，那麼整理好的心智圖就是複習時要看的內容，因為已經是去無存菁後的重點結果，所以就不需要再回頭去看原本充滿大量文字的內容。因此透過心智圖來複習可以節省大量的複習時間。如果搭配《超強學習力訓練法》電子書（238 頁～ 242 頁）來複習，效果會更好。至於文章怎麼抓重點的部分，可以參考《眼腦直映快讀法》第七章〈抓取關鍵字、掌握重點的練習〉部分。

　　美國佛羅里達州立大學心理系教授安德斯‧艾瑞克森提出：「資質必須練習才能發光。就算沒有天賦，只要用對方法，你也可以練出傑出表現。」「練習的次數跟時間不是重點，重點是用對方法。」 (註6)

舉例文章一　睡個好覺有方法

摘自網路郵件

　　閱讀做為休閒目的的文章，僅需要記錄文章的大綱、過去所不知道的內容，以及保存值得參考的內容就行了，不需要將每一項重點通通鉅細靡遺的記錄下來。

（註6）：安德斯‧艾瑞克森（Anders Ericsson）專長是研究傑出表現背後的秘密，他表示所謂的天才與庸才的差別，不在於天分，不能只是懂或會就好，而是能否渾然天成地施展技能到極致。可參考《刻意練習》，方智出版，2017 年 6 月。

　　人一生有三分之一的時間都花在床上，可見睡眠在我們的生活中占了一個很重要的部分。睡不好頭腦就不清晰，也就學習不好。不過你知道嗎？睡覺也有很多的禁忌喔！

◆ **不要仰睡**：避免手放在胸部，壓迫心肺，仰臥時舌根部往後墜縮，影響呼吸，容易發出鼾聲。

◆ **不要睡前思緒萬千**：宋代蔡季通〈睡訣〉中說：「早晚以時，先睡心，後睡眼。」現代研究約 80％的失眠是精神疾病所造成。

◆ **不要說話**：孔子云：「食不言，寢不語。」睡前嘮叨不絕會使思緒興奮，不得安寧，因而影響入睡。

◆ **不要開燈**：中國傳統醫學認為，從寤入寐，進入睡眠狀態，是個引陽入陰的過程。而西方醫學也報導，晚上睡覺開燈會影響智力發展，所以最好養成晚上睡覺關燈習慣。

◆ **不要蒙面睡**：因為睡覺時用被子蒙住頭面，會使人吸入大量的二氧化碳，發生呼吸困難。

◆ **不要吹風而睡**：古書記載：「當風恐患頭風，背受風則嗽，肩受風則臂疼，善調攝者，雖盛暑不可當風及坐臥露下。」現代生活中的電風扇，在睡眠中亦當小心，因為人在睡眠中，生理機能較低，抵抗力較弱。

◆ **不要飲酒飽食**：古人認為「胃不和則臥不安」，現代則認為睡前三小時不進食，可使胃部獲得充份休息，一杯熱牛奶可免因饑餓而睡不好。喝少量的酒，則可以鬆弛減少緊張。

◆ **不要張口呼吸**：古代藥王孫思邈說：「夜臥常習閉口。」因為張口呼吸，空氣未經鼻腔「預熱」、「過濾」處理，容易引起咽幹咳嗽或其他感染。

◆ **不要睡中忍便**：憋尿忍便對人體均有害處，也會影響睡眠。

◆ **不要貪睡懶覺**：中國早有「早睡早起」、「久臥傷氣」的告誡，故而睡眠應以醒為度，睡懶覺對人體是有害的。

　　以上是沒有受過抓重點訓練的筆記，我們叫它是「條列式的筆記格式」。看起來每一項都排列整齊清楚了，但是我們可以再做得更好喔！

- ◆ 不要仰睡：影響呼吸、容易發出鼾聲。
- ◆ 不要睡前思緒萬千：宋代蔡季通〈睡訣〉中說：「早晚以時，先睡心，後睡眼。」換句話說，睡前不要讀理科的東西。不要帶煩惱入睡。
- ◆ 不要說話：中醫說睡眠狀態，是個引陽入陰的過程。
- ◆ 不要開燈：西醫說開燈會影響智力發展。
- ◆ 不要蒙面睡：吸入大量的二氧化碳，發生呼吸困難。
- ◆ 不要吹風而睡：古書記載：「當風恐患頭風，背受風則嗽，肩受風則臂疼。」
- ◆ 不要飲酒飽食：古人認為「胃不和則臥不安」。現代則認為睡前三小時不進食。熱牛奶可免因饑餓而睡不好。喝少量的酒，可鬆弛減少緊張。
- ◆ 不要張口呼吸：古代藥王孫思邈說：「夜臥常習閉口。」張口呼吸容易引起咽乾咳嗽或其他感染。
- ◆ 不要睡中忍便：憋尿忍便有害處。
- ◆ 不要貪睡懶覺：「久臥傷氣。」

　　這麼多的文字在整理成心智圖後，相信你一定覺得更有條理邏輯、更精簡。因為不僅抓出重點，每項重點間彼此的邏輯關係也都完整地掌握住。

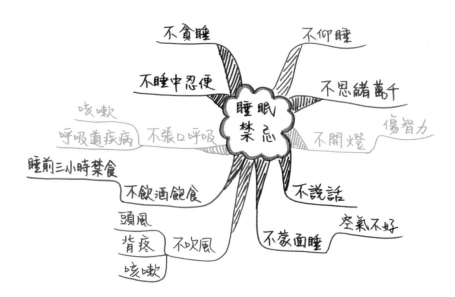

◆ 這樣的表現方式，讓我們一眼就知道有哪些行為不能做。少了大量的文字，只留下關鍵字，容易幫助我們回想起原本大量的文字內容。不過，為了忠於原文的十點而畫出十條主脈，在閱讀上看起來會比較龐雜。

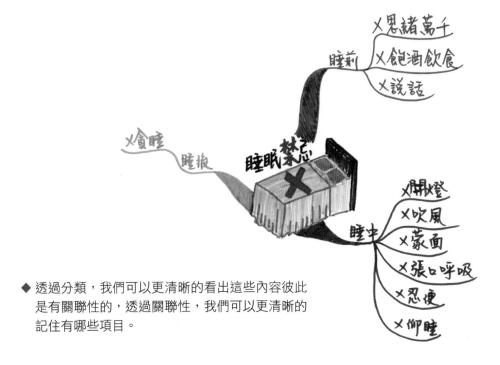

◆ 透過分類，我們可以更清晰的看出這些內容彼此是有關聯性的，透過關聯性，我們可以更清晰的記住有哪些項目。

舉例文章二 三峽之秋／方紀

語文科‧六年級上冊‧北京師範大學出版社

閱讀文學作品可以了解作者的思考脈絡，吸收其文采，並將之化為自己寫作的參考。閱讀時特別要注意作者的寫作手法。

以下這篇文章是取自中國小學六年級語文科上冊的課本內容，像這一類寫景的文章，是要去欣賞優美的文字表達與作者的文章布局，並要注意作者寫作的順序：有依據時間的變化，掌握景物在不同時間的不同特點；有依據空間的變化，瞭解景物在不同空間的各自特點，或是依據觀察的先後順序和景物的類別來描寫。

還有，要抓住景色的特點，包括景色的姿態、色彩、靜動態，並了解作者的寫作手法，常用的手法有對比、擬人。對比是把兩個相對或相反的景物，或者一景一物的兩個不同方面並列寫出，形成反差對比。擬人是把景物直接當做人來敘述，賦予其動作、行為和語言。

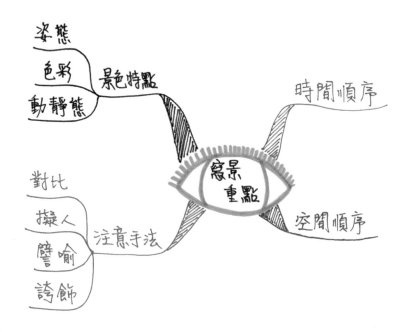

　　時令已經是秋天了。三峽的秋色，是從三峽兩岸的桔柚樹開始顯現的。這些樹，生長在陡峭的山岩上，葉子也同那青色的岩石一般，堅硬，挺直。越到秋天，它們越顯示綠得發黑的顏色；而那累累的果實，正在由青變黃，漸漸從葉子中間顯露出來。就在這時候，它們開始散發出一種清香，使三峽充滿了成熟的秋天氣息。

　　早晨，透明的露水閃耀著，峽風有些涼意，仿佛滿山的桔柚樹上撒了一層潔白的霜，新鮮而明淨；太陽出來了，露水消逝，桔柚樹閃爍著陽光，綠葉金石，三峽中又是一片秋天的明麗。

　　中午，群峰披上金甲，陽光在水面上跳躍。長江也變得熱烈了，像一條金鱗巨蟒，翻滾著，呼嘯著，奔騰流去；同時又把它那激蕩跳躍的光輝，投向兩岸峭壁。於是，整個峽谷波光蕩漾，三峽又充滿了秋天的熱烈氣息。

　　下午，太陽還沒有落，峽谷裡早升起一層青色的霧。這使得峽谷裡的黃昏來得特別早，而去得特別遲。於是，在青色的、透明的黃昏中，兩岸峭壁的倒影，一齊湧向江心，使江面上只剩下一線發光的天空。長江平靜而舒緩的流淌，變得有如一條透明的帶子。

　　夜，終於來了，岸邊的漁火，江心的燈標，接連地亮起，連同它們在水面映出的紅色光暈。長江像是眨著眼睛，沉沉欲睡。只有偶爾駛過的駁船，響著汽笛，在江面劃開一條發光的路；於是漁火和燈光，都像驚醒了一般，在水面上輕輕地搖曳。

　　也許由於這裡山太高，峽谷太深，天空過於狹小，連月亮也上來得很遲很遲。起初，只能感覺到它朦朧的青光，和黃昏連在一起；不知在什麼時候，它忽然出現在山上，就像從山上生出來的，是山的一部分，宛若一塊巨大的、磨平發亮的雲母石。這時，月亮和山的陰影，對比得異常明顯——山是墨一般的黑，陡立著，傾向江心，仿佛就要撲跌下來；而月光，從山頂上，順著直立的深深谷

壑，把它那清洌的光輝，一直瀉到江面，就像一道道瀑布凌空飛降；又像一匹匹素錦從山上掛下來。

　　這一天，正是中秋。

閱讀過一遍之後，我們先將文章分段，本文是依照一天的時間順序來描述三峽秋天的景色變化。因為是文學作品，於是在抓關鍵字時，必須注意作者用哪些譬喻或是擬人來說明景色，這類的文章文字描述的優美性，就來自於此。

①第一段關鍵字

用心智圖方式來表示，可以很清晰的看出作者寫作的思緒與結構。作者用柚桔樹來開始描述秋天的顏色變化。

時令已經是**秋天**了。三峽的秋色，是從三峽兩岸的**桔柚樹****開始顯現**的。這些樹，生長在**陡峭的山岩上**，葉子也同那**青色****的岩石**一般，**堅硬**，**挺直**。越到秋天，它們越顯示**綠得發黑**的顏色；而那累累的**果實**，正在由**青變黃**，漸漸從葉子中間顯露出來。就在這時候，它們開始散發出一種**清香**，使三峽充滿了**成熟的秋天的氣息**。

②第二段關鍵字

作者開始用周圍的景物來引出秋天的氣候狀況，桔柚樹受氣候變化所引發出顏色的變化，帶給秋天早晨豐富的色彩。第一段和第二段都是描述桔柚樹，因此可以合併成一段。

早晨，透明的**露水**閃耀著，**峽風**有些涼意，仿佛滿山的**桔**

柚樹上撒了一層潔白的霜，新鮮而明淨；太陽出來了，露水消逝，桔柚樹閃爍著陽光，綠葉金石，三峽中又是一片秋天的明麗。

③第三段關鍵字

中午作者用陽光的變化來描述三峽景物的光線與色彩變化。陽光在不同景物上有著不同的色彩變化，加上中午溫度較高，於是呈現一種活潑熱烈的秋天氣息。從心智圖中可以很輕易的看出作者怎樣布局來描述光線的變化。

中午，群峰披上金甲，陽光在水面上跳躍。長江也變得熱烈了，像一條金鱗巨蟒，翻滾著，呼嘯著，奔騰流去；同時又把它那激蕩跳躍的光輝，投向兩岸峭壁。於是，整個峽谷波光蕩漾，三峽又充滿了秋天的熱烈氣息。

④第四段關鍵字

黃昏光線的變化影響江面倒影，因為有了霧所以陽光不再熱烈，倒影更加清晰。

下午，太陽還沒有落，峽谷裡早升起一層青色的霧。這使得峽谷裡的黃昏來得特別早，而去得特別遲。於是，在青色的透明的黃昏中，兩岸峭壁的倒影，一齊湧向江心，使江面上只剩下一線發光的天空。長江平靜而舒緩的流淌，變得有如一條透明的帶子。

⑤第五段關鍵字

整段的內容在描寫夜晚光線與色彩的對比、變化，並將漁火燈光用

擬人化的方式來描述搖曳的樣子。

　　夜，終於來了，岸邊的漁火，江心的燈標，接連地亮起，連同它們在水面映出的紅色光暈。長江像是眨著眼睛，沉沉欲睡。只有偶爾駛過的駁船，響著汽笛，在江面劃開一條發光的路；於是漁火和燈光，都像驚醒了一般，在水面上輕輕地搖曳。

　　也許由於這裡山太高，峽谷太深，天空過於狹小，連月亮也上來得很遲很遲。起初，只能感覺到它朦朧的青光，和黃昏連在一起；不知在什麼時候，它忽然出現在山上，就像從山上生出來的，是山的一部分，宛若一塊巨大的、磨平發亮的雲母石。這時，月亮和山的陰影，對比得異常明顯——山是墨一般的黑，陡立著，傾向江心，仿佛就要撲跌下來；而月光，從山頂上，順著直立的深深谷壑，把它那清冽的光輝，一直瀉到江面，就像一道道瀑布凌空飛降；又像一匹匹素錦從山上掛下來。

　　這一天，正是中秋。

　　整篇內容經過二次濃縮後匯整成下頁圖，就能很清晰的看出作者的思緒和表達過程。

閱讀 ＜三峽之秋＞ 後所繪的心智圖

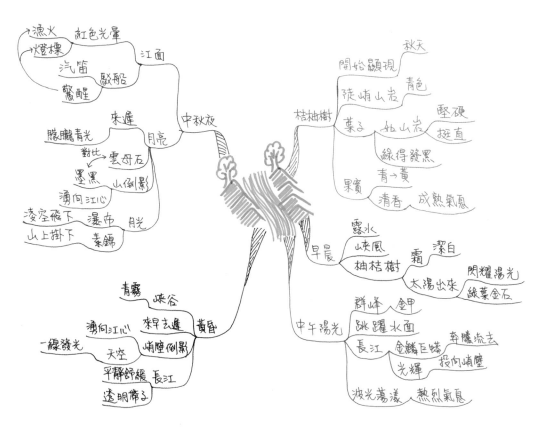

◆ 繪製人：胡雅茹

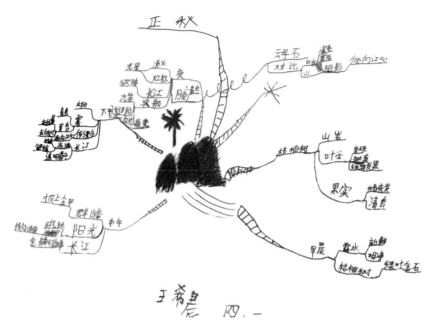

◆ 繪製人：王希晨（青島國小四年級）

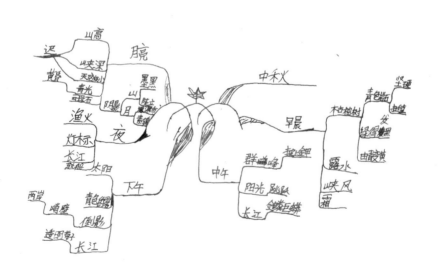

◆ 繪製人：張天琛（青島國小四年級）

　　閱讀筆記時要注意每個人分析文章後所做的心智圖都不盡相同。很多時候對別人來說很容易的事情，對我們卻是很困難的事情。反之亦然。因為**每個人的切入點、過去經驗、背景知識不同，所認知的重點自然就不一樣。**

　　主脈決定了整個心智圖的架構，在決定主脈上不一定要依照作者的段落來決定，你可以把具有相同概念的段落合併成一個主脈。

　　如果想要知道自己對文章的理解到達什麼樣的程度，可以參考一下別人畫的心智圖，看看自己有沒有遺漏了什麼？有沒有什麼樣的思考角度是我所沒有考慮到的？要小心自己會不會大而化之而掛一漏萬？建議參加讀書會來彌補自己的思考偏廢之處。

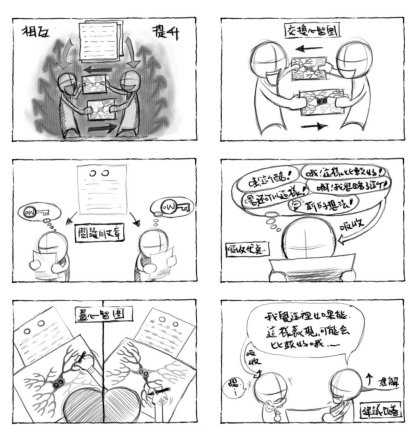

◆ 繪製人：蕭翰隆

舉例文章三　人類的起源和發展

生物學‧七年級下冊（青島市）

　　科普性文章是以通俗的形式介紹某種事物或形象，說明其形態、特徵、性質、意義、成因、功能、作用等。對於開闊眼界，啟迪思維，豐富想像力和創造力，促進對科學的喜愛與運用是很有幫助的。

　　科普性文章一般以說明為主要表達方式，在閱讀時首先要弄清事物的概念、特點、作用、相關的知識和對人類的重要作用。

　　特別注意所用來舉例的事物和現象，與文章所要敘述的科學道理。然後仔細思考，科學家們從這些事物和現象中得到了哪些啟示，又解決了生活中的哪些問題，對人類的貢獻又多大。

　　對於科普性文章中的定義、舉例、比喻和說明，都是要特別注意的地方。

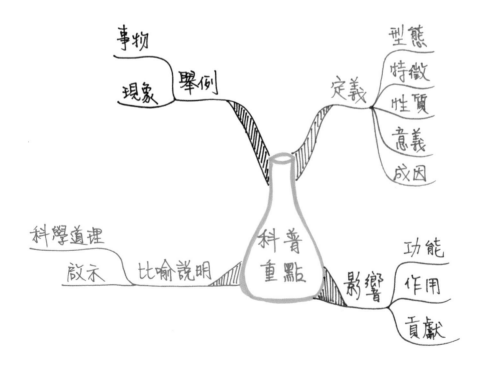

很多人以為科普文章是屬於理科，所以應該重理解，事實上科普是需要先理解它的過程，在理解之後需要將結果記下來的科目，要記憶的內容還不少。生物科一般需要特別注意專有名詞與人物，因此閱讀時要特別注意過程的變化、關聯性、相異之處、相同之處，並將過程以圖解呈現，以方便日後記憶使用。

很多坊間的參考書會幫你整理成許多表格，但是很多人一定都有經驗，表格看得越多，反而越複雜越混亂，生物科、地球科學建議能畫圖就用畫圖的方式來呈現。例如人體血液流動由心臟開始，最後再回到心臟，除了看懂課本上所畫的圖外，最好自己能畫一遍血液流動的圖形，並且備註文字在旁邊，日後複習時就看圖回想課本內容就行了。

下面的文章請先練習圈選關鍵字：

19 世紀著名的進化論的建立者達爾文（C. R. Darwin，1809～1882），在仔細比較了人和現代類人猿的相似處之後，提出人類和類人猿的共同祖先是——類古猿。從那時起，曾經流行於世的人是由神創造的觀點，就受到了猛烈的衝擊。

現代類人猿和人類的共同祖先是森林古猿。在距今 1200 多萬年前，森林古猿廣布於非、亞、歐地區，尤其是非洲的熱帶叢林。

現代類人猿，如同其祖先一樣，仍過著以樹棲為主的熱帶叢林生活。森林古猿的一支，卻由於特殊的原因，走向了演化為人類的艱難歷程，在這個過程中逐漸產生了與猿不同的特徵，並且創造了輝煌的文明。人猿相揖別，究竟是怎樣發生的呢？以下資料和你已經瞭解的生物和環境的關係，能幫助你探求答案。

由於森林大量消失，一部分森林古猿不得不下地生活。下到地面上生活的那部分森林古猿，由於環境的改變和自身形態結構的

變化，一代一代地向著直立行走的方向發展，前肢則解放出來，能夠使用樹枝、石塊等來獲取食物、防禦敵害，臂和手逐漸變得靈巧。「露西」時代的古人類就處於這個階段，他們能使用工具，相當於使自己的四肢得以延伸，捕獵和禦敵能力都大大增強。「東非人」時代的古人類，不僅能使用工具，還能製造簡單的工具，提高了工具的效能。

又經過若干萬年，古人類製造的工具越來越複雜，並且能用火，大腦也越來越發達，在群體生活中產生了語言。用火燒烤食物，改善了身體的營養，有利於腦的發育，從而提高了製造工具的能力；複雜而精巧的工具的製造和使用，又促進了腦的發達，使他們能夠想出各種辦法來解決困難；大腦中主管語言的區域日益完善，豐富的語言，使相互之間能更好地交流與合作。在同猛獸環伺、風雨無常的大自然的鬥爭中，人類變得越來越強大。

雖然文章分成了三個段落，但是仔細看內容，你會發現幾個大重點的分野並非是依照文章段落來分的：

19世紀著名的**進化論**的建立者**達爾文**（C. R. Darwin, 1809~1882），在仔細比較了人類和現代類人猿的相似處之後，提出人類和**類人猿**的**共同祖先**是——**類古猿**。從那時起，曾經流行於世的人是**由神創造**的觀點，就受到了猛烈的衝擊。

現代類人猿和人類的**共同祖先**是森林古猿。在距今1200多萬年前，森林古猿廣布於非、亞、歐地區，尤其是非洲的**熱帶叢林**。

現代類人猿，如其祖先一樣，仍過著以**樹棲**為主的**熱帶叢**

林生活。森林古猿的一支，卻由於特殊的原因，走向了演化為人類的艱難歷程，在這個過程中逐漸產生了與猿不同的特徵，並且創造了輝煌的文明。人猿相揖別，究竟是怎樣發生的呢？以下資料和你已經瞭解的生物和環境的關係，能幫助你探求答案。

由於森林大量消失，一部分森林古猿不得不下地生活。下到地面上生活的那部分森林古猿，由於環境的改變和自身形態結構的變化，一代一代地向著直立行走的方向發展，前肢則解放出來，能夠使用樹枝、石塊等來獲取食物、防禦敵害，臂和手逐漸變得靈巧。「露西」時代的古人類就處於這個階段，他們能使用工具，相當於使自己的四肢得以延伸，捕獵和禦敵能力都大大增強。「東非人」時代的古人類，不僅能使用工具，還能製造簡單的工具，提高了工具的效能。

又經過若干萬年，古人類製造的工具越來越複雜，並且能夠用火，大腦也越來越發達，在群體生活中產生了語言。用火燒烤食物，改善了身體的營養，有利於腦的發育，從而提高了製造工具的能力；複雜而精巧的工具的製造和使用，又促進了腦的發達，使他們能夠想出各種辦法來解決困難；大腦中主管語言的區域日益完善，豐富的語言，使相互之間能更好地交流與合作。在同猛獸環伺、風雨無常的大自然的鬥爭中，人類變得越來越強大。

雖然以每個段落來看，文章的重點是依上面的方式來排列，但是將各段整合起來時，必須依據文章的主題來安排；整篇內容匯整如下頁圖。

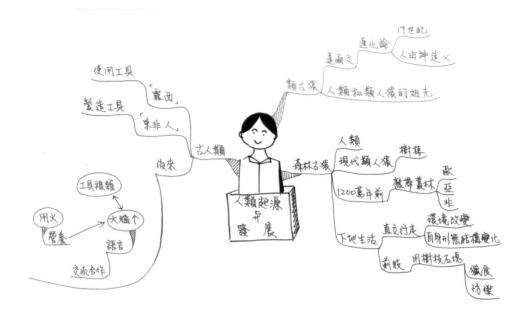

生命的起源與分布

自然與生活科技 · 七年級上冊 · 南一書局

　　地球大約誕生於 **46 億年前**，在漫長的歲月中，曾經歷了無數次的變動，才形成今天的樣貌。現在所見的地球與剛形成時有很大的不同，以下是科學家根據現在發現的證據，對於地球形成初期演變所提出的推論。

　　有許多**岩塊所聚合而成的星體**——**地球**，在形成初期，經常有小岩塊因引力的作用而撞擊地球，撞擊後產生的高溫使地球到處是熾熱的**岩漿海**。岩漿中比較重的物質下沉到地球內部，留下較輕的物質浮在表層，而部份的**水及氣體**則蒸發至空中。隨著隕石撞擊

次數的減少，地球表面漸漸冷卻，大量的水氣匯集凝結成濃密且厚的雲層，接著便下起了**暴雨**。一連串的暴雨逐漸在低窪地方累積大量的水形成汪洋大海，使地球表面有了**陸地和海洋**。

地球剛形成時並沒有生物，那麼地球上最初的**生命**是如何產生的呢？科學家在實驗室中，模擬早期地球大氣與海洋環境，結果發現可以**自然合成許多構成生命體的重要物質**；此外這些物質**在溫暖的水中可以組合**。因此科學家認為最初的生命可能就是在**海洋中自然發生**的。

從最初的生命形成，到生物的蹤跡遍及地表各處，科學家將目前在地球上，**生物能夠生存、活動的範圍，稱為生物圈**。生物圈有許多**生物**和**無生物**組成。那麼，在我們的生活週遭，哪些是生物？哪些是無生物呢？讓我們由「校園走透透」的活動，熟悉我們的校園環境，學習如何辨認生物，並了解**生物**所**表現**出來的**生命現象**。

在校園中，我們可以看到樹木枝頭發出新芽，植物開花、結果和麻雀鳴叫、覓食等現象，這些生物的活動，使得校園處處充滿活力。**生物可以表現生長、生殖、對環境的刺激產生反應及體內進行的各種生理作用等生命現象**，是生物和無生物不同之處。

生物圈是生物棲息的空間，這些生物必須依賴環境中的空氣、水、日光和**養分**，才能展現出種種**生命現象**，**維持個體生存**，使種族延續。由於地處各處的水、日光、空氣和養分等分布的量並不相同，導致生物的分布也不平均，例如**溫暖多雨**的地區，**生物的種類和數量較多**，但在陽光不足的深海中、**乾燥的沙漠**或空氣稀薄的高山，**生物的數量和種類較少**，生活在這些地區的生物，通常具有特殊的構造，才能適應比較惡劣的環境。

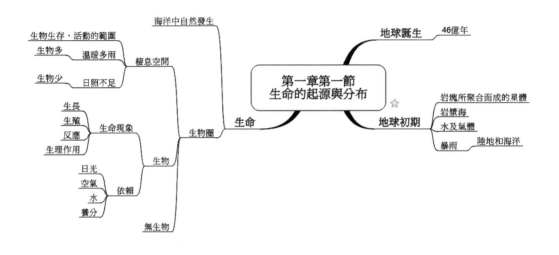

台灣的地形

社會科·七年級

　　地表高低起伏的形態，稱為地形。臺灣地區這三千六百平方公里的土地，地形種類以山地、丘陵、盆地、台地及平原為主體。其中以山地的面積最為廣大，呈南北走向，有阿里山、中央山脈、海岸山脈、雪山、玉山等。丘陵斷續分布於山地的邊緣，高度多在數百公尺。起伏比山地小，中間低平，四周環山的地形稱為盆地，有臺北、泰源、埔里、臺中等。台地地勢高，頂部尚稱平坦，有大肚、林口、桃園、八卦等。平原大多分布於臺灣西部，地勢最低，佔本島總面積的 30％，有宜蘭、嘉南、屏東、台東縱谷等。

閱讀〈台灣的地形〉後所繪的心智圖

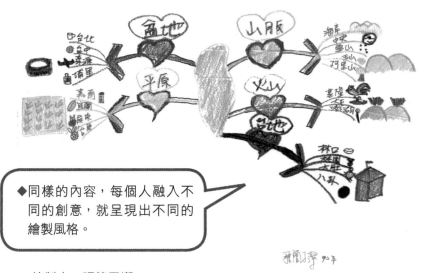

◆同樣的內容，每個人融入不同的創意，就呈現出不同的繪製風格。

◆ 繪製人：張簡子潔

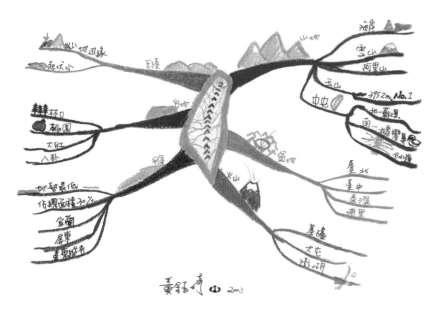

◆ 繪製人：黃鈺婷

其他閱讀筆記舉例

小學生閱讀筆記

◆ 整理成語的心智圖
　繪製人：楊康明（青島國小六年級）

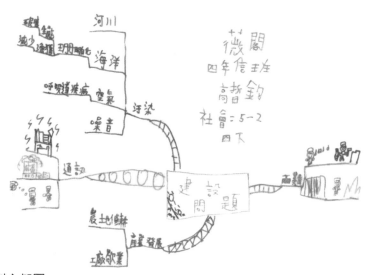

◆ 社會科心智圖。
　繪製人：高哲鈞（薇閣國小四年級）

電子學

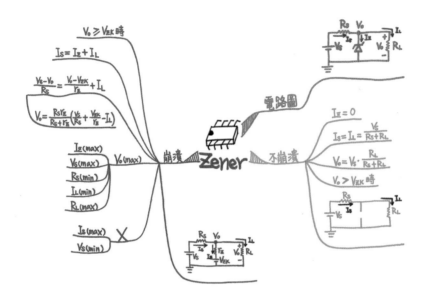

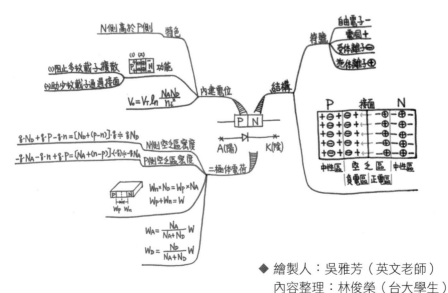

◆ 繪製人：吳雅芳（英文老師）
　內容整理：林俊榮（台大學生）

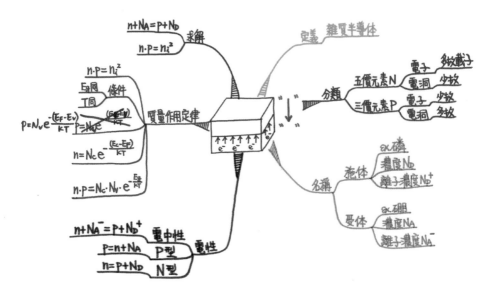

◆ 有些人誤以為心智圖只能用在文科而已，其實理科也適用喔！

運用「眼腦直映」速讀技巧閱讀
《食全食美醫學養生寶典》的閱讀筆記

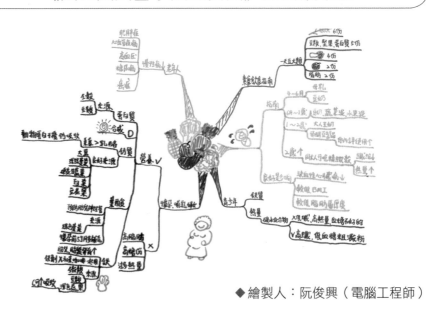

◆ 繪製人：阮俊興（電腦工程師）

❸ 聽講筆記

小劉問：「很奇怪耶！我聽 A 老師演講，想要寫下筆記，不知道為什麼卻很難掌握他的思路。」

小蕭問：「本來我以為我算是很會寫筆記的人，沒想到我現在很難將你所說的內容整理出來。怎麼會這樣呢？」

小蘇問：「我聽台灣人的演講，要寫下筆記，好像比較簡單。但是聽外國人的演講，好像就不太容易，我好像還是不太會寫筆記，對吧？」

以上問題，其實表達很籠統，經由進一步追問後，這三人其實出現四個問題，讓我用換一種方式來描述他們的問題：

1. 聽了一大段話，不知道該怎樣做筆記？
2. 一邊聽一邊寫，根本來不及記錄下來？
3. 聽完演講後，內容好像馬上全忘光？
4. 把二小時的演講全錄音下來，但是回家之後又找不出時間可以好好的把二小時的演講再聽一遍？或是同樣的二小時演講內容居然要再花四小時去複習，有沒有更有效率的方法呢？

如果你會畫心智圖，那你就能完全解決上面的問題。在課堂練習中，每一個人都能在學習心智圖後，就能達成一邊聽二小時演講一邊做心智圖筆記，然後也能看著自己的心智圖筆記 100％說出剛剛二小時演講的重點。

看到這裡，可能會有沒學過心智圖的人說：「如果是聽那種穿插很多笑話在裡面，聽完笑笑就算了的演講內容，那當然很容易一邊聽一邊做筆記啊！」我們在課堂上當然不會練習這種沒有意義的演講內容啊！既要練習一邊聽一邊做筆記，當然也要順便吸收好的知識，這樣才有意義嘛！

　　現在的演講者，多半會輔助 PowerPoint 來豐富視覺與釐清演講的重點，所以 PowerPoint 上的大標題、圖表一定是要特別注意的地方。另外，演講者說話時不斷重複出現的字詞，還有演講者所舉的例子，通常是用來輔助說明觀念的，要注意聽但不見得一定要記錄下來。心智圖中心主題，一般而言我會寫上聽講的日期、演講者名字、講題。有時候講題訂得很模糊，不容易一開始就清楚到底要講什麼，我就會先把講題處空下來，等聽完演講後再寫上。

　　演講者通常會設定幾個主題（段落）依序說明，因為聽的時候並不清楚演講者每個段落的內容有多少，所以無法像閱讀筆記一樣心中先有整個心智圖架構的想法，所以聽講心智圖可能會很不美觀、很不平衡，或是一張紙根本畫不下，必須畫第二張、第三張。這時候請在每一張的主題處標上「-1」、「-2」、「-3」就好了。可見本書 71 ～ 72 頁的範例。

　　因為是一邊聽一邊記錄，所以只是記錄「關鍵字 keyword」就好，大量節省書寫的時間，讓大腦能用更多的空間來聽演講，除非有你聽不懂的內容，才需要記錄下整句話。聽的時候，只要覺得好像是重點的部分，就趕緊寫下來，如果聽到後面發現並不是那麼重要的話就劃掉。

　　若有不明白的地方，是沒有機會去停下來想一想的，所以請你把這個聽不懂的地方趕緊記錄下來。不懂的地方，我會在關鍵字後面多加一個「？」來表示。不要停在那邊去思考不懂的地方，應該好好仔細地繼續聽演講，有時候聽完整場演講後，你就懂了。

　　如果還是不懂，你可以在演講完畢時拿著這張心智圖去詢問他人或是講者，對方看著你這張心智圖，也會很清楚知道你是哪個部分不明白，哪個部分已經明白，這樣就能更精準地回答你的問題，這樣不僅方便自己也方便他人。

　　盡量用色筆直接寫筆記，不要因為心裡怕寫錯就依賴鉛筆。凡事不要對自己太好、不要給自己有藉口，不然你會很難有大幅進步的機會。

　　訓練自己能快速抓出20％的主要重點。因為20％的重點就足以說明80％的內容。（80／20法則）

　　這種抓重點的能力，其實就是訓練自己聚焦的能力。懂得聚焦，也才能將時間投注在最有價值的地方。越是沒有時間吸收知識的人，越要投資時間把心智圖練好，當你很會抓重點之後，表示你更明白如何取跟捨。

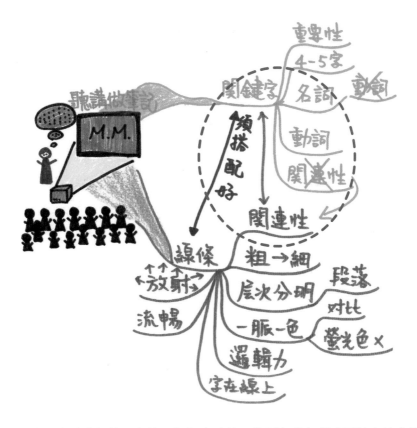

◆ 有時候我們作聽講記錄，在第一個概念（第一條脈）的架構底下填上許多關鍵字，但是繼續聽下去才發現講者要開始講第二個概念（第二條脈）了，「關聯性」這個字詞應該要放在第二條脈才對。這時你可以學上圖這麼做，大腦就能快速調整腦中印象、自動忽略錯誤的地方，不需要非得使用修正液或修正帶才行。

　　小秀是某中型企業的總經理，對我反映了這個問題：「每次開會我都要求在場者要盡量發表個人想法，但大家幾乎是立刻把頭低下來不說話，我要一再強調每個人都要說話後，才會有少數幾個高階主管發言，每次發言的總是那幾位，其他人還是不說話。」

　　當時我開玩笑回答：「小孩的工作叫學習，小孩放學後到安親班或補習班去加班。但爸媽下班後回家只會上網聊天或追劇，不學習的爸媽要怎麼叫小孩好好學習啊？同理可證，三催四請才要發言的小主管或大主管要怎麼叫下屬主動發言啊？你要不要考慮換愛講話的主管？」

　　我的觀察是，在討論型會議上沉默不語的現象，通常是參加者沒有先針對主題事前進行研究了解，所以腦袋空空的，當然沒有辦法發言囉。

　　這些人平時知識攝取量太少，同時也缺乏深入思考的分析能力，因此無法針對主題進行剖析與判讀，進而無法進行假設與論證，進而無法產生自己的觀點，這些人最明顯的職場行為是在學習上缺乏自律 → 無法進行自學 → 自覺知識淺薄 → 越來越不敢發言。不敢發言的階段，相當於癌症第三期了，公司必須多管齊下才能治療他。

　　換個位置想，上班族要如何讓自己有想法呢？

　　第一步，要自問自答，假設自己身處上級角色，會怎麼去看待這件事情？Uniqlo 創辦人柳井正提出一項觀察：能展現優秀直覺、出色創意的人，都是平時喜歡自問自答的人。（註 **7**）從這裡得到的思考結果當做起點，再踏出第二步。

　　第二步，一定要增加知識的吸收量。知識的吸收量會成為知識品質的骨架，量變會產生質變。閱讀跟聽演講都是增加知識吸收量最簡便的

（註 **7**）：《經營者養成筆記》，商業週刊出版，2017/5/4。

方法。（註**8**）

　　建議大家在吸收知識時，每一次都要再加上最後一條脈：心得。要批判性思考但不要批評，這樣才能培養出自己的一套想法，而不是複製講者的想法。請不要只是「批評」，要有具體的建設性想法！

　　「批判性思考＝批評（提出反對意見）＋指教（給予具體可行的建議）」，對講者的內容提出質疑、提出批評，但是自己也要提出建議，若自己提不出「具體可行的建議」，就表示在這個部分還沒有自己的一套想法。

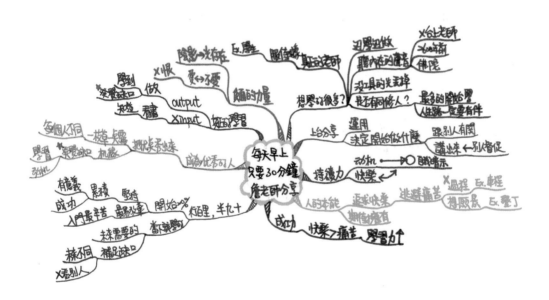

◆ 繪製人：吳雅芳（英文老師）
　　雅芳在我們所舉辦的「眼腦直映讀書會」上，一邊聽演講、一邊做記錄

（註**8**）：子曰：「學而不思則罔。」意思是只被動地全盤接收，自己不主動去思考，自己遇到事情時仍產生迷惘困惑，無法舉一反三，這樣等於是什麼都沒有學到。

《孟子‧盡心下》：「盡信書，不如無書。」意思是讀書不要拘泥於書上或迷信書本，聽演講也是一樣。我覺得應該從孔子說的「學而不思則罔」這個思路來解讀孟子的話，會比較有正面的意義。

有些人私下向我表示：「我好不容易透過心智圖解決了整理筆記的問題，卻在收納筆記上卡關。心智圖對整理收納有幫助嗎？」

過去我也是因為「稟賦效應」而在收納筆記時，不知道該怎麼做才能提高效率（註❾），但自從用心智圖寫筆記後，收納對我來說變得更快速簡單了。

我喜歡做一件事情有兩個效果的方法，若你跟我一樣，運用下面方式，還可以順便解決「有效率挑選優質演講」這個問題。

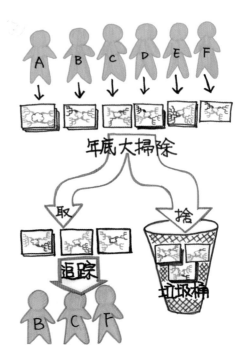

1. 聆聽講者 A 的演講時，一邊用心智圖方式記錄演講重點，依此類推，也製作出講者 B 到講者 F 的心智圖筆記。所有的心智圖暫時不分類，全放入以 L 夾中留存。

2. 每半年或每一年，瀏覽 L 夾中所有心智圖一次，快速判斷一下內容是否過時？內容是否已經牢記？內容是否已經作廢？符合這三個問題的其中一項，就直接將心智圖丟棄。

3. 決定保留下來的心智圖，再依照主題進行建檔工作。

（註❾）：行為經濟學之父理查‧賽勒（Richard H. Thaler）提出了稟賦效應，對於擁有在手上的事物會給予很高評價，同時會極力避免失去原本就擁有的事物。稟賦效應並非是理性行為。有興趣的人可閱讀《不當行為》，先覺出版社，2016 年 6 月出版。

　　子曰：「君子不以言舉人，不以人廢言。」有些講者舌燦蓮花，聆聽時會覺得很有趣，但仔細想想會覺得內容很空泛；有些講者剛好相反，表達力不好，但內容很扎實。經過這三個過程，很自然地在我心中會建立起一份「值得再追蹤」的講者名單，達到近似「不以言舉人」的效果。同時，我也會建立「不用再追蹤」的講者名單，這裡不是說這些講者的內容很差，而是因現階段我在某領域的能力已經超越該講者，或是該講者的專長並非我現階段所需要的範疇，達到近似「不以人廢言」的效果。我會選擇把未來時間盡量投資在學習「值得再追蹤的講者」的內容上。

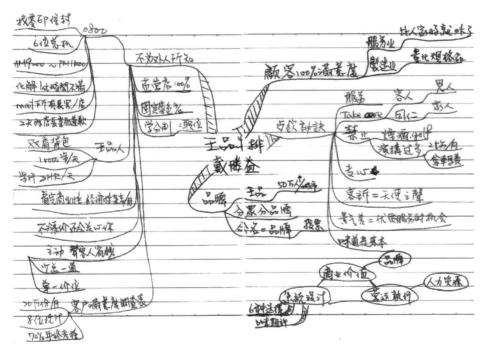

◆ 上方的圖幾乎都是以寫句子的方式做記錄，可以看出當時來不及思考，所以直接先記錄聽到的內容，因為有時我們會遇到當場不知道該怎麼濃縮成關鍵字的情況，這時先寫下所聽到的句子，等演講結束後再重新整理，以不漏聽演講為要點。

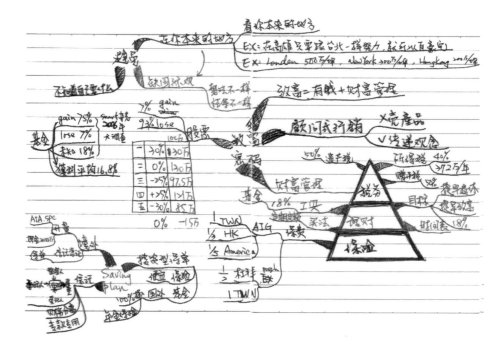

◆ 即使應該記錄的內容很多，手邊只有四種顏色的原子筆，一樣可以清楚地表現出演講架構。另外由此可看出要用白紙畫心智圖，才不會造成視線上的困擾。

當時我心中想要把所有內容都放在一頁筆記上，於是上面有兩個 Mini Mind Map，還有漂浮在左上角的一條脈「基金」。這張圖是原始記錄，聽演講筆記是一邊聽一邊寫，所以整體畫面雜亂是正常的過程。

④ 會議記錄

還沒九點，小紅一踏進辦公室，還沒走到座位前，立刻被走在後面的主管小宮叫住了。

主管小宮：「這件事情，上次開會時不是說要改成小包裝出貨嗎？」

小紅：「有確定要改成小包裝出貨嗎？」

主管小宮臉色一沉：「上次開會經理講的意思就要改啊，你怎麼到現在還搞不清楚狀況啊？趕緊去把新的包裝廠資料拿來，我們要趕緊重新報價啊！」

小紅：「好，我現在先去整理，整理好包裝廠資料後立刻就給你。」

主管小宮忍不住破口大罵：「我的老天啊，到現在你還沒整理好這些資料，你到底在搞什麼鬼啊？你工作到底用不用心？你到底有沒有認真上班啊？」

小紅很委屈地回話：「我又不是故意的，我如果知道要改小包裝，就會先整理好資料啊！我就是不知道要改成小包裝啊。」

聽到這段話，主管小宮閉緊了嘴巴，忍住不讓自己繼續罵人，但心中暗暗下了決定，年底打考績時，絕對要在小紅的檔案上記上這一筆。

通常關於計劃或解決問題的會議上總有人心不在焉，或是聽而不聞，不然就是等不及別人說完就想要趕緊提出自己的意見，有時還會有重覆發問的問題。因此許多會議都是冗長又累人的，結果又是讓許多好意見被忽略或是被遺忘，白白浪費時間。更糟糕的是，有時被採納的意見不是最好的那一個，而是聲音最大或權力最大的人所提出的。

其實主持會議的人可以在開會時使用心智圖的方式，在白板上呈現出討論的中心主題與主脈，讓參與的人都能有

心理準備，也能切實地針對主題來發表意見，不會有東扯西扯隨意發言的情形。每個人的意見都能對應到主脈來做記錄，不會遺漏任何一個人的意見，也不再有重覆發言的情形，開會也不再會拖拖拉拉的。

因為是要忠實呈現會議討論的內容，繪製時要以能讓別人看得懂為原則，因此字數就有可能會比單純畫給自己看的還要多。剛開始練習時總會畫得不漂亮，沒有關係，以內容忠實呈現為主。做會議記錄繪製時注意的事項與技巧，跟製作聽演講的筆記是一樣的。

製作心智圖的過程是全體人員都參與其中的，因此就不會再產生以往那種開完會什麼都忘光光的情形。尤其是在白板上製作心智圖的主持人與製作會議記錄心智圖的人，更是得全神貫注。而其他討論者更容易專心會議主題而積極地參與討論。

大家討論得越深入，越能夠整合各種想法，越能幫助回憶與全盤了解。在會議結束後，馬上用影印機一人印一張帶走，大家養成這項能力後可以大幅節省會議記錄的時間。

在我所輔導的組織中，每個人都對於用心智圖方式進行會議討論與會議記錄所節省下的大量時間感到驚奇。不過我還是要強調一件事情：**我所教授的方法都是一項技能，技能是需要練習的、技能是有標準的動作需要遵守的，重覆正確地練習就會越做越好。**

心智圖是很容易上手的一項技能，我不像是一位老師，我就像一位教練，只是協助大家做出正確的練習而已。

下頁是模擬一般會議討論方式，大家針對同一場團體討論所做的記錄，練習怎樣將每個發言者所說的話，轉換成簡單的關鍵字。

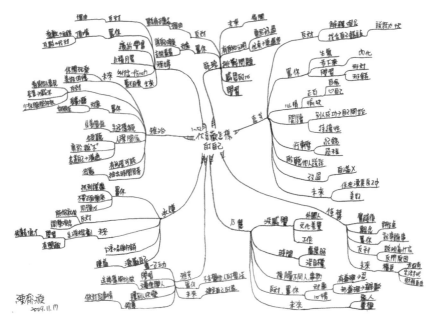

◆ 繪製人：陳郁璇（會計）

　練習將 90 分鐘的討論內容，依照現場每個人的發言順序即刻做成記錄。

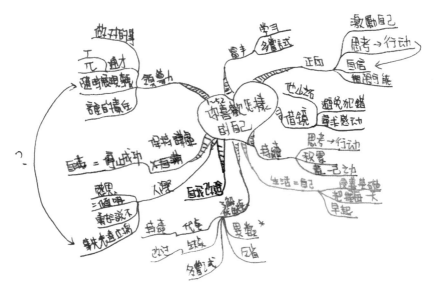

◆ 將上圖的會議記錄整理得更精簡

　　161 頁上圖是由主持人在大家發言的同時，將大家的想法匯整濃縮成心智圖寫在白板上，這部分的繪製方式跟聽演講筆記一樣。開完會後，再由擔任會議記錄的陳郁璇抄錄下來。

4・從有到無的提示型心智圖

　　溝通，是「輸入」跟「輸出」互相輪流的。

　　A 跟 B 進行溝通，「A」對「B」輸出想法，等於是「B」輸入了「A」的想法，然後「B」再對「A」輸出自己想法。

　　跟內在的自己溝通時，只要把剛剛的「A」換成「我」，「B」換成「內在的我」，換言之，「跟內在自己溝通」與「跟別人溝通」的難度是一樣的，別把「跟別人溝通」這件事情想得太困難。

　　但你可能會回答我：「我就是覺得跟別人溝通很難啊！那怎麼辦？」

　　當「A」的輸出能力不夠好時，「B」的輸入能力很好，那麼「B」可以透過心智圖來試圖掌握「A」的意思，且可用這張心智圖跟「A」確認其意思的完整性。（見 159 頁和 183 頁圖示）

　　反向思考一下，如果「A」能在溝通前，事先以心智圖的方式分析與整合自己的想法，那不就可以提高自己「輸出」能力嗎？讓別人覺得聽我們的發言是很有邏輯與完整性的。

❶ 演講提示

　　演講高手好比武俠高手一樣，所有的招式都已經內化記在腦中，不可能一邊看小抄、一邊跟聽眾互動交流。如果演講者一邊看稿子、一邊念稿子上的句子，與其說是在進行演講，倒不如說是在朗讀或是念稿。

　　用心智圖製作演講稿就像是太空船從地球出發（從一個關鍵字出

發），逐步邁向一個廣大的宇宙（延伸出大量的語言文字內容來說明）。

製作時，沒有到最後關頭，我們不會知道整體的結構是什麼，有可能一開始畫的內容，到最後完全變得不一樣了。繪製心智圖的過程中一定會塗塗改改，外觀樣子可能會亂亂的，但是內容卻是越來越清晰、明確、肯定。

只需要依照幾個主要概念繪製出幾條主脈，然後分別依照不同主脈延伸出內容，一一畫出支脈與填寫上關鍵字，這樣一來收集內容、擬定大綱的工作就在繪製心智圖時一次完成了。這也是前面 125 頁提到的愛德華修斯用來擬定讀書心得報告的方法。

筆記的內容比外觀的整齊來得重要多了，等我們確定所有的內容都已經完成後，再重新謄寫過一次，就會是一張整齊又好閱讀的演講提示心智圖。

② 作文大綱

有些時候在建構「要輸出什麼」時，心中想法很多但是又「怕內容對方不喜歡」、「怕對方覺得內容不夠好」、「怕自己用字遣詞不夠令人滿意或驚豔」，怕東怕西的無法決定要寫下什麼內容，最後只好說：「我不知道該說什麼、寫什麼。」

有些時候在建構「要輸出什麼」時，類似「我手寫我口」的方式，想到什麼就寫什麼，這時理性運作低於感性運作，可能寫出的內容邏輯不嚴謹、結構不完整、因果次序混亂等。

寫作文跟說話都是思想的輸出過程，不同之處在於，「說出來」時大腦會偏向情緒、感性運作多一點，「寫下來」時大腦會偏向邏輯、理性運作多一點。

小時候常聽到長輩建議：「想清楚，再說。」「說話前先想好你要講什麼。」都是提醒我們要先擬定完整的說話大綱。目的是要讓自己的

邏輯與理性發揮程度多一些，要跟情緒與感性運作程度並駕其驅。

　　寫作文也是一樣，我們會透過大綱的擬定，來提示自己寫作的方向，在作文完成前，我們也不知道自己的文章會有什麼內容。所以……請不要一開始就先畫地自限地期望一次就完整這張心智圖，在繪製的過程中，我們一定會塗塗改改的。「提示型」是指整個心智圖都是給自己看的，透過一些關鍵字提示，自由地去發揮文字說明。

　　本書不談怎麼寫作文、怎麼演講，因為寫不完，也遠離了本書的主題。我只想要提醒大家，在規劃作文架構與安排演講大綱時，都是一種創造的過程，可以參考 106 頁開始的從無到有的創造型心智圖注意事項。這裡我就僅提出用心智圖的提示性功能來做說明。

　　因為心智圖上只放關鍵字，我們可以根據上面的關鍵字就能產生很多想法，每一個人都能看著自己的心智圖侃侃而談地進行一場演講。

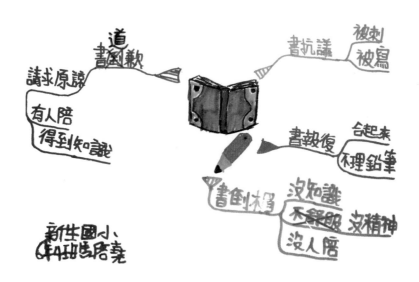

◆ 書與筆的戰爭
繪製人：馬啟堯（國小六年級）

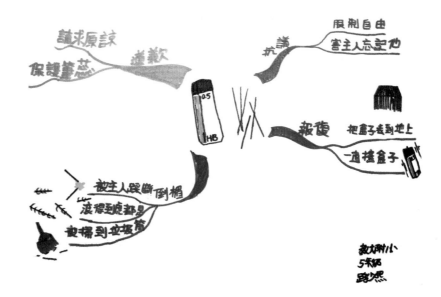

◆ 自動筆筆心與筆心盒的爭吵
繪製人：路少熙（國小六年級）

◆ 衣服和褲子的爭吵
繪製人：周愛琳（國小三年級）

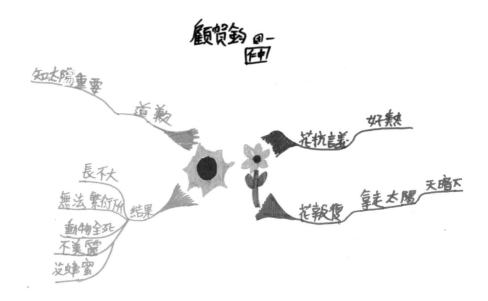

◆ 花與陽光
　繪製人：顧賀鈞（國中一年級）

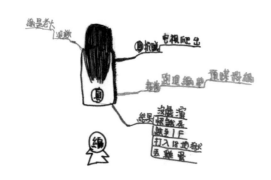

◆ 貞子與編劇
　繪製人：陳思妤（國小六年級）

◆ 手與手套的爭吵
　　繪製人：蔡淳卉（國小四年級）

◆ 地球與太陽
　　繪製人：劉九瑢（國中一年級）

◆ 鑰匙與門
　　繪製人：許珈菱（國小六年級）

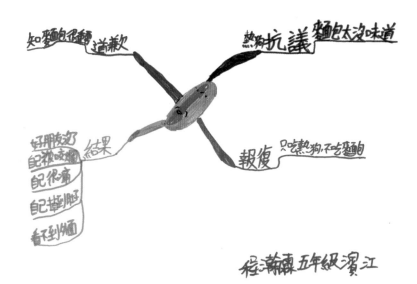

◆ 熱狗與麵包
　　繪製人：程瀚霖（國小五年級）

③ 受訪準備

接到《Cheers》雜誌 2018 年 7 月號專訪的邀約函與專訪大綱時，心中第一個反應是：「好專業的記者啊！」第一個理由是記者本身早就做好了事前準備，也知道要把問題隨著邀約函一起送來，是一個很懂得節省雙方溝通時間的聰明人。第二個理由是記者所擬定的問題，能因應現在社會脈動，提出的問題不僅觀察細膩，問題本身也既有深度也有廣度。

大大讚嘆這位記者十秒鐘後，我立刻用一貫的 120% 準備工夫，逐一針對《Cheers》雜誌的模擬問題，動手畫起了心智圖，以心智圖來整理我心中想要表達的內容。以下列出部分內容給讀者做個範例。

①為什麼在現代，精準、有效的「筆記術」特別重要？請談談您的個人體會及對社會的觀察。

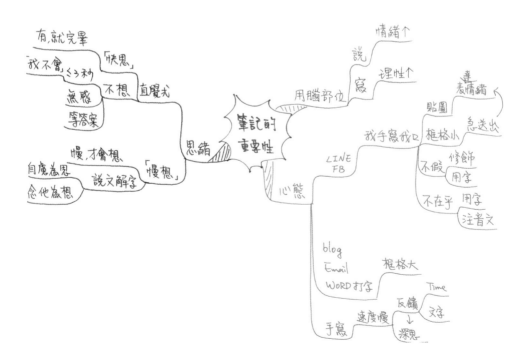

②為什麼要特別撰寫《心智圖筆記術》、《九宮格思考法》等書？

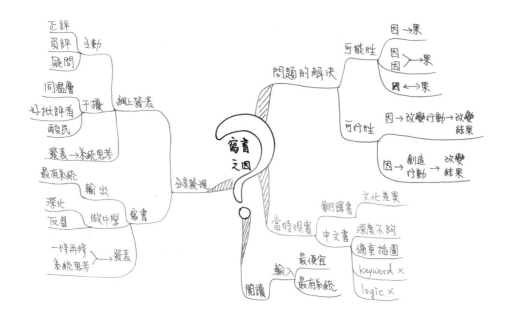

③根據您的觀察，有些人無法「做好筆記」的最大問題點為何？

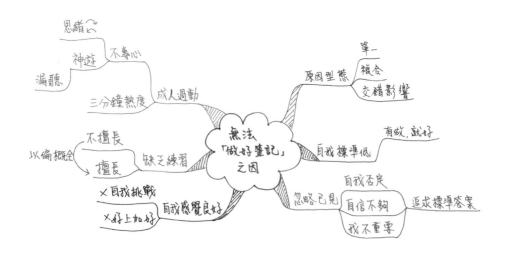

④善用「筆記術」可以帶來哪些好處？

您在書中提出了許多重要心法。針對邁入社會的的工作者，您會建議他們的「第一步」從哪裡開始？有哪些原則可以把握？

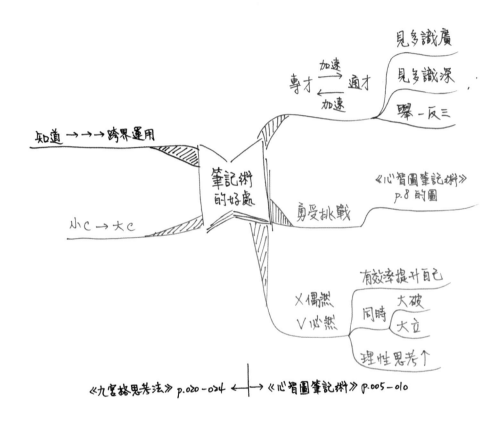

5・從無到無的溝通型心智圖

為什麼講「從無到無」呢？因為一開始討論時雙方一定沒有共識，兩手空空的，討論完時雙方腦中也把主要內容全記住了，手畫的心智圖只是留著備查使用的，真正的心智圖已經記在心裡了。也就是武俠小說中所描述的「無招勝有招」境界。

　　刻意將它命名為「溝通型」，是由於在溝通的過程中使用心智圖，可以讓雙方眼睛直接看到關鍵字與線條所勾勒出的關聯性，就能很明確地進行溝通，而不容易產生誤解。

　　這是「從有到有」的整理型心智圖的延伸運用。因為我們必須一邊講、一邊把我自己講的重點以關鍵字與線條的方式呈現給對方知道，同時也必須把對方所回應的內容隨時增補修改於上。

❶ 自我介紹（個人履歷）

　　孩子正就讀國一的小紅，目前四十出頭，是一家上市公司的中階主管，就如同其他比較願意敞開自己的社會人士一樣，小紅在下課休息時間發問：「我要怎麼認識自己？」

　　工作對小紅來說是一種需要也是必要。

　　必要之處在於薪水給了小紅很大的經濟自由，他可以隨心所欲地用金錢來滿足家人的物質需求。

　　需要之處在於公司給了小紅很大的能力肯定，他強烈地感受到自己被他人強烈的需求著，滿足了一種虛榮感，覺得自己很重要。但小紅知道這種虛榮的滿足感是公司給的，哪天公司把自己開除了，這種虛榮的滿足感也不見了。

　　於是小紅一直不斷地參加各種付費課程，也因為小紅不斷地付費進修，身上早就具備了好幾把刷子，在公司的職位也很順順利利地往管理階梯的上層走。

　　小紅白天意氣風發，偶爾那種被恐懼所驅動的向上力量，在夜闌人靜之時像野生叢林裡的老虎一樣，不知從哪裡跳出並猛咬小紅的心臟一口。

　　正因小紅總不斷地照看自己的缺點，於是他不斷挑戰困難的弱點，每次的挑戰成功都讓小紅得到更好的績效與職位，而小紅就更害怕失去這種風光的職涯生活，於是又立刻不斷地照看自己的缺點，讓自己一直

處在一種緊張又匱乏的惡性循環中。

　　我認為小紅的口中的提問句幾乎等同於另一個提問句：「我要怎麼知道我適合什麼工作？」

　　「了解自己」的過程中，我認為最重要的是了解「自己的缺點弱點」、「自己的優點強項」。

　　「了解自己」困難之處在於，在你還沒遇到挫折或困難這種磨刀石之前，天賦是很隱晦不明的，因為缺少挫折與困難所提供的磨練機會，天賦就是一塊沒有光芒的鐵片，連你都覺得這塊鐵片是沒有用處的。

　　時間有限，我到底要把 80% 時間投資在「強化優點」還是「補強缺點」上？

　　根據多位科學家的研究分析結果來看，「強化優點」比「補強缺點」來得更容易達到不被取代的個人競爭力績效。

　　問題是……

1. 多數人不清楚自己的優秀才能有哪些？
2. 也不太清楚這些優點被需要的強度？
3. 更不清楚這些優點跟職涯發展有什樣的關聯性？

　　看到這段話，我相信有些人頭就昏了，於是乾脆就把書合起來或是跳到後面的章節去，當個鴕鳥比較簡單。

　　如果你還沒頭昏，那我們先不管 2 和 3，至少先把 1 完成。

　　凡事「從 0 到 1」都是最困難的一步，當你頭昏昏腦鈍鈍的時候，心智圖絕對是你最好用的思考工具。

　　我覺得上班族認識自己最好的方式，就是「動手」寫封履歷表。在你「動手書寫」且塗塗改改的修正過程中，對自己的敘述將越來越清晰，並讓你知道如何描繪自己。

　　如果你也像小紅一樣，有心要往高層管理之路前進，你可借鑒我這

段過往的工作經驗。

　　我擔任某公司主管時，曾因高層主管誤導而在錯誤的方向上努力好幾年，過著疲勞的生活。

　　該高層主管常私下告訴我說：「Ａ單位的誰誰誰哪裡不行，你去幫忙他，你也順便多學學點。」或「Ｂ單位誰誰誰可能會出亂子，你多盯著點。順便你也多學學點。」

　　他總是要我在不同的工作能力中「順便多學學點」，從「多學習點，將來萬一有需要時就會帶來好處」的角度來看，他給了我很多實務上的學習機會。

　　但……

　　我身上的「順便」越來越多，漸漸地我花了80%工作時間在彌補劣勢上，80%的工作時間像是身處汙穢氣息的廁所中，每一口呼吸都讓人感到窒息。

　　工作能力、思考內容、未來理想會隨職位高升或職務變動而逐漸改變，但天賦是不會變的，與其花80%時間去彌補自己的劣勢，倒不如花80%時間去強化天賦，會生活得更快樂。

　　優勢理論創辦人馬克斯‧巴金漢（註⑩）提出：「發揮你的天賦比克服你的缺點，讓你更容易成功。」

　　如同本節一開始所言，天賦通常是曖昧不明的，認識自己的天賦，本來就需要不斷地不斷地記錄，才能逐漸看清。

　　從十幾年前開始，心智圖課程中我必定會建議上班族，像我一樣在每年元旦假期時為自己畫一張自我介紹（註⑪），透過這張心智圖盤點過去一年的自己，完成後再拿出過去幾年所畫的心智圖來比對一下。透過

（註⑩）：馬克斯‧巴金漢（Marcus Buckingham）與唐諾‧克里夫頓（Donald O. Clifton）共同合著《發現我的天才：打開34個天賦的禮物（修訂版）》，商業週刊，2016/3/28出版。
（註⑪）：可參考《超強心智圖活用術》，晨星出版社，2015/4/30出版。第三章第一節，第38頁～42頁。

一年年的記錄來釐清自己的天賦所在。

發現你的天賦後,接著就思考這兩項:

1. 手上的工作任務中,有哪些可以強化我的天賦?或用我的天賦來彌補?
2. 你可以把你的弱勢工作交給誰去處理?換言之,工作團隊中有誰的天賦跟你互補?

第一項是「刻意練習你的天賦」,讓天賦這寶刀更加鋒利,達到削鐵如泥的境界。第二項是「選對人才,做對事」,讓團隊提高績效。

我個人常常在第一堂課對學生做自我介紹時,就用邊講邊畫心智圖的方式,學生都對於這種講完他們就能馬上背起來的方式感到相當的神奇。下圖就是我在課堂上的自我介紹。

自我介紹要講什麼、履歷要寫什麼內容？這不是本書的重點。但我可以告訴你用心智圖來擬定自我介紹、個人履歷的稿子，可以幫你思考清晰、言之有物。用心智圖來進行自我介紹，可以幫助聽的人在你介紹完之後清楚地記住你講了什麼。用心智圖來製作個人履歷有一點要注意的就是，如果對方沒有學習過心智圖，可能會覺得你愛搞怪，看不懂你到底要表達什麼？

我曾經有過一次這樣的經驗，當我用右圖的心智圖直接 Mail 給對方看時，因為沒有在旁邊當場解釋心智圖的內容，後來跟對方連絡時，對方表示完全看不懂我到底要表達什麼？不知道要從哪裡開始看。（當時我只有寫文字，還沒有畫任何圖形喔！如果再畫插圖，對方一定更看不懂我到底在做什麼。）

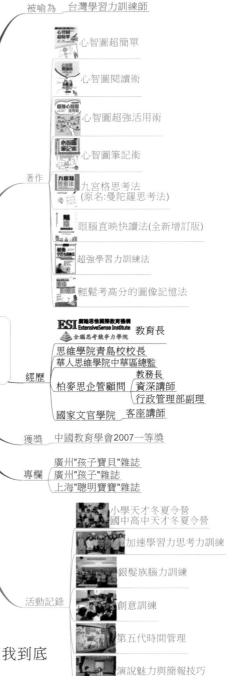

　　但是這個經驗並不表示心智圖不適合做個人履歷喔！只要對方學過心智圖，或是給對方看心智圖時同步做說明就好了。

　　我曾有個學生因為工作經歷很豐富，被面試主考官要求簡短地用一張 A4 紙來清晰寫出自己的完整履歷，主考官要測驗的是你會不會抓重點、能不能懂得輕重緩急、能不能清晰的表達自己。當時他就是當場用心智圖製作一張履歷給主考官，同步做說明，最後面試就這樣過關了。

　　其實依據幾個好朋友當過面試主考官的真心話，通常他們工作很忙，所以通常都事先選履歷資料比較少頁的來看，因為這樣才能在最短的時間內看最多的履歷。同時他們也會看應徵者懂不懂得用最簡短的方式，清晰地表現出自己的專長與專業，反而那種長篇大論的內容，會使他們覺得應徵者缺少幫主管節省時間的觀念。

　　至於你會遇到什麼樣的主考官？我也不知道。但是能多準備幾把刷子在身上，總是能夠隨時兵來將擋、水來土掩地展現自己的能力。

　　我們實地在課堂上練習時，當大家都完全用圖像式的自我介紹完畢，彼此都能記住對方的相關資料，因為圖像確實可以幫助記憶。

個人履歷習作

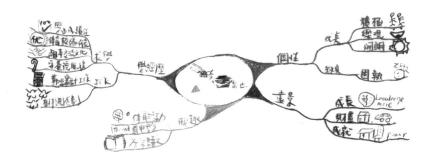

◆ 繪製人：詹以嫺

◆ 繪製人：許應江

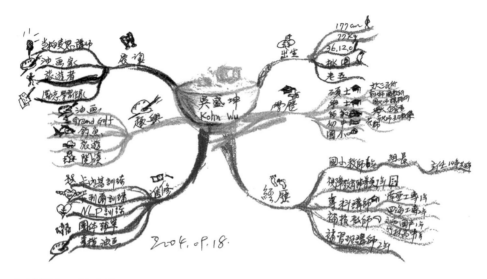

◆ 繪製人：吳盛坤

自我介紹習作

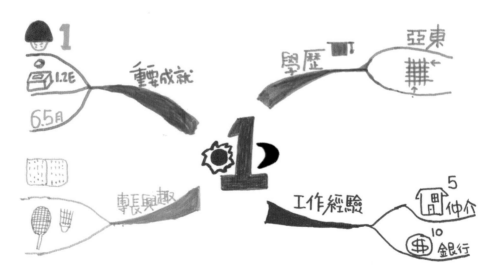

◆ 繪製人：林明義

◆ 繪製人：莊虹琪

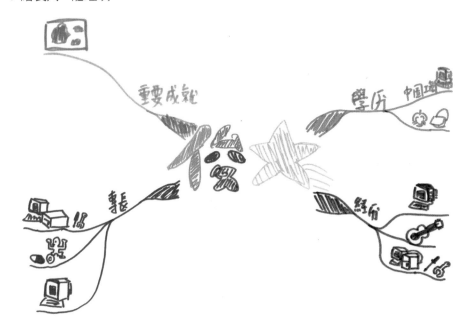

◆ 繪製人：阮俊興

◆ 繪製人：朱恩濬（國小四年級）
　千萬不要小看小學生的能力喔！他們一點就通。

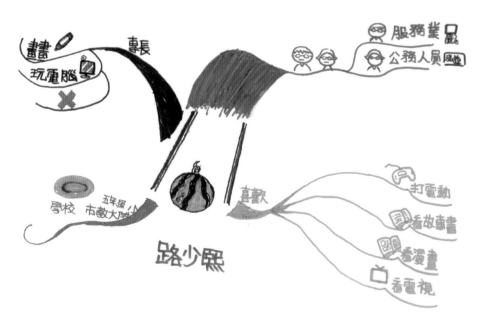

◆ 繪製人：路少熙（國小五年級）

◆ 繪製人：馬啟堯（國小六年級）

◆ 主題：Tony Buzan 的個人簡歷
　繪製人：胡雅茹

❷ 會議簡報

通常關於計劃或解決問題的會議時總會有人心不在焉，或是聽而不聞，不然就是等不及別人說完就想要趕緊提出自己的意見，有的人還會重覆發問別人剛剛才問過的問題。因此許多會議都是冗長又累人的，還讓許多好意見被忽略或是被遺忘，白白浪費時間。更糟糕的是，有時被採納的意見不是最好的那一個，而是聲音最大或權力最大的人所提出的。

其實主持會議的人可以在開會時使用心智圖的方式，在白板上呈現出討論的中心主題與主脈的概念，讓參與的人都能有所心理準備，也能切實地針對主題來發表意見，不會有東扯西扯的隨意發言情形。每個人的意見都能對應到主脈來做記錄，不會遺漏任何一個人的意見，也不再有重覆發言的情形，開會也不再會是拖拖拉拉的。

　　製作心智圖的過程是全體人員都參與其中的，因此就不會再產生以往那種開完會後全都忘光光的情形。尤其是在白板上製作心智圖的主持人與製作會議記錄心智圖的人，更是得全神貫注。而其他討論者更容易專心會議主題而積極地參與討論。大家討論得越深入，越能夠整合各種想法，越能幫助回憶與全盤了解。

　　簡報者也可以一邊講內容一邊繪製心智圖給聽眾看，不一定只能選擇依賴 PowerPoint 投影片的方式喔！

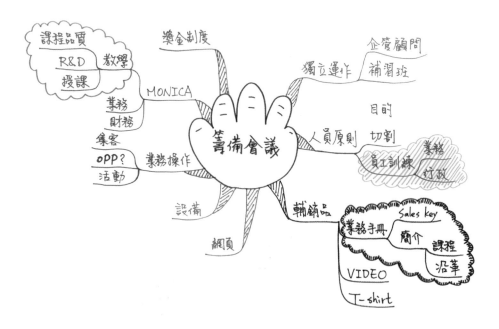

◆ 因為商業資料保密的關係，所以我把第二層次後的內容全數隱藏起來，這裡我圈起來的部分代表簡報當時認為首先需要建立標準作業流程 SOP 的部分。

Chapter

心智圖與
其它圖表有何不同？

以下除了 189 頁的條列式筆記之外，其他都跟心智圖一樣是屬於網絡思考概念。結合水平思考與垂直思考後，就是網絡思考，因此很多人會把下列的某幾種圖表，誤為心智圖。

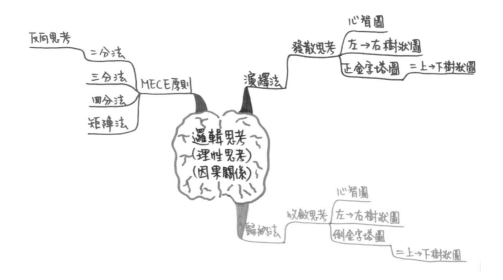

1 · 心智圖 v.s. 魚骨圖

魚骨分析法是一種利用圖表的方法，將一個問題的結果（特性）與造成該特性之重要原因（要因）歸納整理而成之圖形。由於其形狀很像魚骨，故又稱為魚骨圖、要因分析圖、石川圖。

魚骨分析法要訣是：確定問題類別、找出主要問題、提出解決方案。所以魚骨圖雖然也是一種圖型化的方式，其結構上有方向性與思考侷限性，相較之下心智圖更容易延伸。

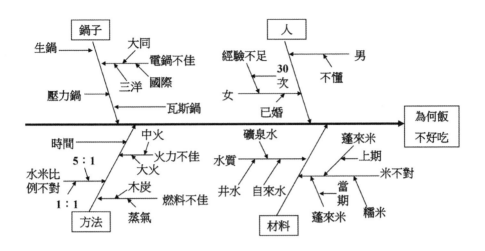

◆ 1953 年由日本的石川馨教授提出，用來歸納結果（特性）與原因（要因），此圖例為由左到右的魚骨圖。

2·心智圖 v.s. 組織圖、系統圖

　　從結構來看，心智圖層次較清楚，較容易看出誰是主要重點？誰是次要重點？組織圖與系統圖在刺激垂直思考往下延伸方面，也較容易有侷限性。

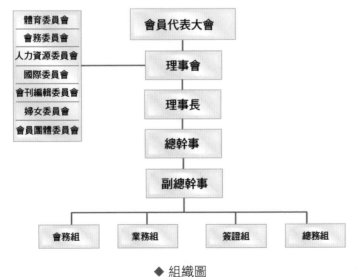

◆ 組織圖

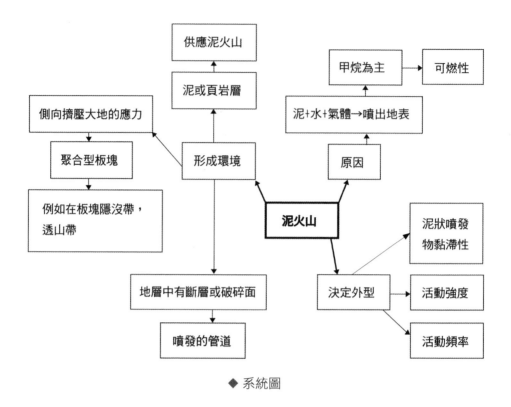

◆ 系統圖

3·心智圖 v.s. 概念圖

　　美國康乃爾大學的教授 Joseph D.Novak 及其同僚所發展的概念圖，由概念節點和概念間的連接語所組成，兩個概念節點和節點間的連接語則構成命題。「概念構圖」有許多性質相近但不同的名稱，如語意圖法、語意網狀圖法、網狀圖法等。從結構上就可以很清晰的看出心智圖比較簡潔。

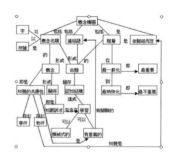

◆ 「概念構圖」的建構歷程概念圖（余民寧，1997）。

4 · 心智圖 v.s. 條列式筆記

看了前面這麼多的舉例，你應該很清楚這兩者之間的差異有多大了吧？！

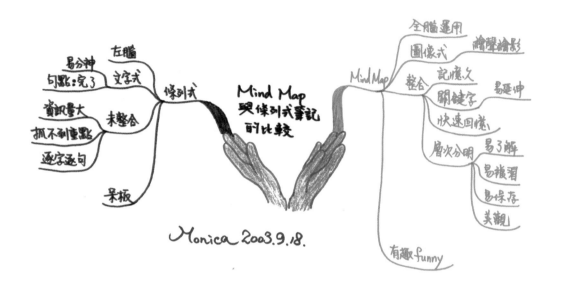

5 · 心智圖 v.s. 方格筆記

《為什麼聰明人都用方格筆記本？》^{（註❶）}的作者高橋政史，是用方格紙來寫康乃爾大學提出的「三欄式筆記」（又稱 5R 筆記）。裡面的記錄方式多數仍是條列式，請看下一頁的範例。

（註❶）：《為什麼聰明人都用方格筆記本？》，高橋政史著，方智出版社，2015 出版

Cue	Notes
洗沐系列 產品銷售量 下降之因	產品:品質佳,但香味有點怪 通路:鋪貨點不夠,不夠貼近消費者 　　　對市中心的點來說,店面不夠大 　　**方需留意送貨成本控制 價格:洗髮產品被嫌貴 　　　沐浴產品價格帶尚可涵足小資族 　　　(包材成本太高,價格難降低) 行銷:電視廣告太貴,不可行 　　　雜誌廣告需重新評估效益 　　　網路廣告效益難評估 　　　戶外廣告可考慮

Summary

(1) 下周會議時,復納入臨時動議:行銷方面調整
(2) 請產品開發單位重新設計包材

◆ 三欄式筆記 -1

LINE CEO 森川亮的成功術(一)

[現狀]	[原　因]	[建議]
成長受限制	緊抓已到手的名利,而不敢接受 新挑戰.	不追求名利
工作艱辛	遇到問題也不敢反對,而偏離 使用者的需求.	不迎合主管或 同事
跟不上市場	堅持原有成功方式,而偏離本質.	不可當「專家」
抗壓性不夠	擔心未知而不肯面對現實	享受不安
沒有幹勁	被動學習,而拖累優秀主管與同事	自己激勵自己 才是優秀人才

◆ 三欄式筆記 -2

6・心智圖 v.s. 曼陀羅筆記

　　日文漢字是「曼荼羅」，英文名稱為「Mandal」，在台灣又被稱為九宮格筆記，但實際上不限於九宮格型式。

　　就像孔子是東方的蘇格拉底，蘇格拉底是西方的孔子一樣，曼陀羅可謂是東方的心智圖，心智圖可謂是西方的曼陀羅。^{（註❷）}

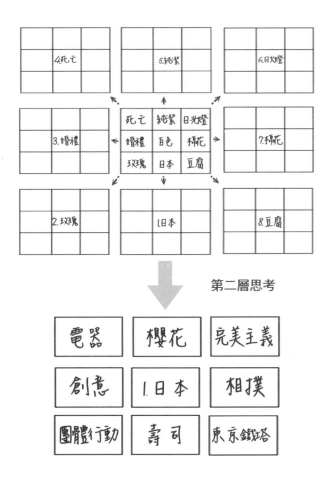

（註❷）：《曼陀羅思考法》，胡雅茹著，晨星出版社，2011/8/12。之後增訂為《九宮格思考法：水平、垂直、多層次運用，兼具廣度＆深度的曼陀羅九宮格思考法》，胡雅茹著，晨星出版社，2017/09/12

6

Chapter

心智圖的問與答

Q1：用電腦畫心智圖的軟體哪裡有？

上過我課程的學生，都會深深感受到手繪的心智圖比起用電腦軟體繪製的，更能刺激大腦的思考與加強記憶的效果，也能感受到學習手繪心智圖後，隨時隨地隨手都能運用的便利性。

在科技化的現代，電腦軟體有存檔方便、傳送簡單、攜帶方便、重新整理資料不費時的好處。

能流暢手繪心智圖的人都一致反應，用電腦軟體畫心智圖時，手繪的愉悅感、流暢感被軟體的版面跟操作方式給消耗殆盡。

有些標榜是心智圖電腦軟體，但是所畫出來的圖只是系統圖、組織圖、概念圖的表現方式，跟真正的心智圖精神不一樣。

有很多免費或是便宜的軟體，使用過程缺乏心智圖精神，越往傳統條列式的思考方式靠近，繪製效果僵硬死板。這一類的軟體我就不寫出來了。

如果讀者有發現更符合心智圖精神與更接近手繪效果的電腦軟體，請通知我來造福更多的人。

我在這裡介紹幾款畫心智圖的電腦軟體。大家都可以試試看，看哪種軟體你比較容易上手，就使用那一種。你應該好好地花時間去學好心智圖，但你不應該花很多時間去學軟體怎麼操作。

基本上這些軟體都很好自學上手，就算是英文介面，只要會使用Word 或 Excel 等軟體，其實操作的邏輯是一樣的，耐心花個十分鐘把每個選項按一按，滑鼠按右鍵進去的選項按一按，就知道該怎麼使用了，不需要花錢去學軟體如何操作。若再不會使用的話，上網 Google 一下，就會找到很多操作文章了。

以下軟體不論是正體字介面、簡體字介面、英文介面，通通都可以輸入任何一種語言文字。

❶ Mindjet 公司 http://www.mindjet.com/ 的 MindManager 軟體

這是最早開發也是目前流通性最廣的軟體，其他公司開發的軟體多數是模仿此軟體的顯示方式與操作方式，但功能減少很多。

MindManager 軟體功能很多，可以畫出組織圖、系統圖等各種圖表。付費安裝後就可終身使用並下載很多圖庫與 icon，可將心智圖自動轉檔成多種 Office 軟體的檔案，有三十天試用版可以下載，試用版軟體的功能與能表現的效果當然比正式版少很多。美國人較多人使用這款軟體，也是較多歐美商務人士的選擇。

我看別人使用簡體字試用版，個人覺得漢化版的視覺介面並不好使用，建議過大家還是下載英文試用版的界面比較好操作。

❷ Mindmeister 公司的 http://www.mindmeister.com/

可將 MindManager 與 FreeMind 的圖轉檔進來使用。採線上使用方式，不用安裝，有試用版。透過主脈線條呈現方式的改變，可以畫出組織圖、系統圖等各種圖表。

❸ Nulab 公司的 http://cacoo.com

線上使用方式，不用安裝，有試用版。可以畫出組織圖、系統圖等各種圖表。

❹ FreeMind 軟體 http://freemind.sourceforge.net/wiki/index.php/Main_Page

免費的軟體，功能與畫面都很簡單。

❺ XMind 公司 http://www.xmind.net/ 的 XMind 軟體

有試用版。可以將 MindManager 與 FreeMind 的圖轉檔進來使用。

也可以畫魚骨圖。幾乎是模仿 MindManager 軟體，但呈現效果較為僵硬死板，功能也少很多，個人覺得軟體操作方式不如 MindManager 流暢。有中文介面。

❻ 蘋果 App Store 上的 iThought 軟體與 iThoughts 軟體

這兩款軟體到本書截稿日為止，僅供 Mac、iPhone、iPad 使用，相較於其他軟體要新台幣幾千元，這兩款的費用很便宜，個人覺得是便宜價位中屬於很好用的軟體。iThoughts 軟體功能比較多，受到很多 Apple 使用者的推薦。兩者在使用上也很接近手繪的感覺。

❼ Think Buzan 公司 http://www.imindmap.com/ 的 iMindMap 軟體

這是由 Tony Buzan 後來開發出來的軟體，透過他自己的 ThinkBuzan 電腦軟體公司進行販售。

優點是使用方式上比較接近心智圖精神，有七天的試用版。線條不像其他軟體一樣死板僵硬，圖示比較漂亮，但還是比不上手繪效果的流暢與活潑感。

缺點就是繪圖時線條容易呈現歪歪曲曲的，文字呈現也跟著歪七扭八，很不容易閱讀。使用流程上還是缺少手繪心智圖那種直覺式的思考效果。整張繪製完成後，還要花不少時間去調整每個線條與關鍵字的位置，這個部份讓我覺得很浪費時間，所以並不是很推薦。

❽ Google 公司的 http://coggle.it/

使用方式與 http://cacoo.com 雷同，網站首頁就是一段教你如何使用的影片，只要你會畫心智圖，即使不懂英文的人，也能立刻上手。

人生的基調就是不完美，沒有十全十美且人見人愛的心智圖軟體，如果要求繪製後的版面要更加美觀的話，可以先去試用 iMindMap 軟體。

　　如果希望軟體功能多一點，有很多預設版面可以使用，像打字一樣輸入，不太需要費心排版，版面就能整整齊齊；或是你的英文不算很差的人；或是你常跟歐美人士交流心智圖與共享心智圖。以上三種需求者，建議你先去試用 MindManager 軟體。

　　如果不想安裝軟體，想用線上版；或是不需要天天使用心智圖軟體，只是最近這一陣子比較需要使用，以上兩種需求都可用月租方式使用線上版，建議使用 http://cacoo.com 網站與 https://coggle.it/ 網站。

　　如果你是蘋果公司的愛用者，就直接去買 iThought 軟體與 iThoughts 軟體。

　　如果你有打算要花錢買心智圖軟體，而且未來你會常常使用它，不要光聽網友說哪個軟體好用，請花點時間，親自去試用每一種心智圖軟體。順不順手比價錢多少還要重要，好好地為你自己挑一種符合自己的工作習慣的心智圖軟體。

Q2：讓心智圖畫得更好的背景知識有哪些？

　　心智圖是一項技能，是一種多功能的思考方法。幫助我們整理腦中的思考、刺激腦中的思考，再以高效率的圖形化呈現。

　　心智圖的運用就像是電腦的運用一樣，我們可以用手寫文章，也可以用電腦打字寫文章；可以手繪美工設計，也可以用電腦軟體設計心智圖。心智圖是幫助我們更有效率、更好使用的思考工具。

　　巧婦難為無米之炊，如果腦袋空空，即使面對電腦，我們也寫不出好文章。所以我這幾年的課程中都會再三強調：

◆ **競爭力＝學習力。現在的競爭力是過去所有學習的累積。**

◆ **學習力＝學（吸收力）＋習（練習做）**

◆ **學習力＝理解力＋記憶力＋行動力**

◆ 記憶力＝觀察力＋聯想力＋邏輯力＋創造力＋專注力＋動機

（請回頭看第 40 頁）

學習本身也非常需要左腦的邏輯力來幫助思考，我個人比較推薦大量閱讀周刊、雜誌或是世界趨勢、企業管理有關的書籍，這些內容都是建構我們的背景知識與訓練我們的邏輯思考力。

所以透過學習思考工具給予大腦大量的資訊，透過學習思考技能，來協助我們融會貫通出自己獨有的思想。

我想要推薦的書實在太多了，一定有讀者看到推薦那麼多的書，馬上就覺得要昏頭了，所以這裡僅列出幾本，希望能協助大家建立起自己的一套思考與學習模式。雖然有一些書已經絕版了，但是圖書館或二手書店應該還可以找得到。

① Tony Buzan 的系列作品

心智圖發明人 Tony Buzan 的五本系列書籍：《頭腦使用手冊（Use your Head）》、《開啟記憶金庫（Use your Memory）》、《全腦式速讀（The Speed Reading Book）》、《心智繪圖──思想整合利器（The Mind Map Book）》、《成功之路──心智繪圖讓你領先群倫（Mind Maps: Your Way to Success）》，最早是由一智企業有限公司引進到台灣，1997 年出版，目前已經絕版，但是在圖書館中還可以找到這一系列的書籍。

其他 Tony Buzan 的著作還有晨星出版《心智圖活用術》、商周出版《超高效心智圖學習法》、新手父母出版《圖解心智圖，讓學習有效率》、《圖解心智圖的第一本書》，也都可以參考。

②《超快速讀書法》（晨星出版）

作者把不用補習的讀書方法＋速讀技巧融會貫通，講求快速閱讀＋

大量閱讀＋重覆閱讀，這些其實也就是真正做學問的方法。只放關鍵字的心智圖正是最適合用來做快速閱讀＋大量閱讀＋重覆閱讀。

③《眼腦直映快讀法》（晨星出版）

運用全腦式速讀的技巧，教你怎樣同步提升閱讀速度＋閱讀理解力。不同的書籍就該用不同的閱讀速度去閱讀，才是速讀的方法。速讀速度越快的人，理解力會越高，繪製心智圖也會越精簡。

④《最厲害的圖解速讀術》（晨星出版）

講述許多關於運用速讀技巧來提升閱讀能力的方法。閱讀是增長知識最主要也最重要的方法，可以跟《眼腦直映快讀法》、《超快速讀書法》搭配一起看，你會統整出一套屬於自己的閱讀方法。

⑤《超強學習力訓練法》（晨星出版）

影響學習表現的因素有五種腦力，書中則告訴你怎樣訓練這五種腦力，這些腦力也跟心智圖的繪製方法有關連性，繪製的方法不好，就不容易刺激到這五項腦力。

⑥《年收入增加 10 倍的時間投資法》與《年收入增加 10 倍的學習法》（晨星出版）

由被譽為「女大前研一」的勝間和代著，其中有提到她如何運用心智圖來幫助思考與學習。

⑦《每天只要 30 分鐘》、《每天早上只要 30 分鐘》（大田出版）

激勵你把時間投資在建造美好未來之上，還教你怎樣真正學好語言。我的好友宗慶看到這兩本書後很興奮地告訴我，他跟好幾個朋友以前就是按照書中所講述的方法，不用去補習日文，在家裡自修就一次通

過日文檢定一級；宗慶同時也沒有靠補習，就達到了英文與法文聽說讀寫流利的境界喔！

⑧《六頂思考帽》（桂冠出版／臉譜出版）

「水平思考法」的發表人——愛德華‧波諾（Edward de Bono）所著，將人大多數的思考方向濃縮成六個主軸，再由這六個相互組合成更多的思考方向。

⑨《六雙行動鞋》（長河出版）

同樣為愛德華‧波諾（Edward de Bono）所著，把我們人大多數採取的行動模式做分類。行動模式不一定是用在思考之後，也有可能是用在思考之前，可以提供行動規劃時使用。建議大家不要用「看看之後知道了就好」的心態去看《六頂思考帽》和《六雙行動鞋》，閱讀時要同步想一想怎麼運用在自己的生活中。

Q3：我真的很好奇，你是怎麼做到的？

讀者 Ruby 來信詢問： 胡老師，昨天上完最後一堂課後，我頓時豁然開朗。我以前看過很多這方面的書，也曾經在別的課堂上聽過超強記憶術與心智圖，但是都沒有像今天這樣子把這些方法弄得一清二楚，每種需要注意的關鍵我到現在才真正弄懂，早知道就早一點來上你的課，這樣就不用浪費那麼多的時間與金錢了。我也有看到你在部落格上很仔細地回答讀者的疑問，我看了都很慚愧，因為我的年紀比你大，看到相同的東西，但是卻沒有辦法像你想得那麼透徹、解釋得那麼詳細。

我不知道你是怎麼學到這些東西的，而且你這麼年輕又教得這麼好，我真的很好奇你是怎麼做到的？

　　Monica 回答：Ruby，首先，謝謝你的稱讚。我不知道怎樣回答你比較好，因為我的想法一直都很簡單：一是要有強烈的興趣；二是要做就要做到最透徹，一定要徹底弄清楚才可以放手。現在第二點你已經做到了，至於第一點就要看各人的興趣在哪裡，我的興趣在教學，自然就會把教學的東西弄得清清楚楚地才敢教給別人。

　　我對於教育與教學的觀念是，我們在改變一個人未來的思考方式。

　　既然我們在改變一個人未來的思考，如果我們給的東西不夠好，套句俗話，那不是害人嘛？如同佛家用語，講得比較嚴重的話就是造業。

　　畢竟東西方的文化差異，使很多思考方法不能直接套用在中國人身上，就像西方人在辦公室內吵得不可開交，下班後還可以一起去喝酒，但是中國人如果在辦公室內大吵一架，大概就會老死不相往來了。

　　所以我會一直不斷地運用這套英國引進的方法，並想辦法把運用過程中所遇到的問題一一克服，然後把我的經驗與結果告訴我的學生，這是我對自己設下的目標。

　　以專業知識來說，如果我是一個 100 分的老師，教與學之間總會打折扣，於是學生吸收到 90 分；如果我是一個 60 分的老師，打折扣後學生就只吸收到 50 分，等於是不及格。

　　我知道過去有上過相關課程的學生，在學完之後就自己開始出去教別人，甚至也開始開班授課；也有人是自己翻閱過幾本書之後，也開始出去授課了，但我不想要這種做法。

　　對一個上課的學生來說，他總會認為自己吸收到的是 100 分，但他怎麼會知道他所面對的老師是 100 分還是 60 分？所以我們會遇到幾分的老師，就有點看我們的運氣好不好囉。

　　但是我可以要求我自己盡量做到一個 100 分專業知識的老師。我想就是這份堅持，使我散發出正面的能量，也吸引很多正面的能量進來，讓我的學生包括你在內，都變成了我的貴人。實在很感謝你寫這封信來肯定我。

　　我自己目前也不斷地加強各方面的知識，希望能分享更多的經驗給大家，希望大家都能在這個又熱又平又擠的世界中，如魚得水。

　　另一方面，我不是一個老師，我比較像是一個教練，因為我所教的方法是一種技能，是需要練習的，沒有使用就不會運用，不是光聽就算了的。

　　所以日後有任何想法，老話一句：「歡迎 Ruby 你來批評指教。」

Q4：要如何繼續在心智圖上精進？

　　我在作者序中解釋了心智圖如何啟動大腦的正向循環，那段內容其實也給了我自己一項挑戰——如何讓讀者透過這本書來自學心智圖，進而啟動讀者大腦的正向循環？

　　《心智圖超簡單》第一版出版後，晨星出版社的編輯們陸陸續續給我不同的腦力激盪課題，於是又誕生了《心智圖閱讀術》、《超強心智圖活用術》、《心智圖筆記術》三本書，以引導讀者持續透過自學，有朝一日讓讀者能說出：「啊哈！心智圖，超簡單！」

Q5：為什麼不可以「只看別人畫好的心智圖」？

　　某天收到了陌生人 Email。對我來說，這個問題問得有點缺乏前提，不知道他「只看別人畫好的心智圖」的動機是什麼，以下我就用幾種可能性來回答吧。(註❶)

（註❶）：請大家諒解，對於一個習慣進行舉一反多的水平思考人來說，總是會先希望對方問問題能精準點，好讓我在回答時也能精準點。若對方礙於某些因素講得模模糊糊的，我也只好把每種可能性都回答一次囉！

① 如果他曾把這本書從頭到尾仔細讀過，還會問我這個問題，表示他讀得沒有他自己想像中的仔細。我會建議他真的很需要親自動手，多多畫整理型的心智圖來提升自己的閱讀能力。

② 如果他想偷懶，但偷懶心態帶來了罪惡感，所以想要我來為他的偷懶背書（註❷）。我會請他聽從自己內在的聲音——罪惡感，別想過偷懶的日子！想要出人頭地，就學習「成長心態者」，別老是待在舒適圈中。自己動手畫心智圖，是加速提升思考力的最佳方法。

③ 如果他是主管，只負責動嘴，不太需要凡事由自己動手來畫心智圖，自己只要審閱下屬的心智圖就好。我猜他肯定是希望下屬好好地運用心智圖發揮 100% 能力（最好是超越 100%）貢獻給公司。身為主管，除了管理的角色，若希望也能展現領導的角色，我建議他最好能以身作則，自己能做到的事情再去開口要求別人，也比較能理直氣壯啊。根據彼得原理（註❸），每個員工都會升遷到他們的能力所無法勝任的職務，當下屬透過心智圖而思考力進步神速，主管卻停止不進步，這會產生管理上的危機啊。

（註❷）：這種心態遇到的機率超級高，例如某些企業人資邀情我去他們公司辦理的內部訓練時，會順便問我有沒有之前在別家企業辦訓練的影片可以先參考，但是自家企業辦訓練時絕對不能錄影。或是不想說話，想尋找不說話就能讓別人理解意思的方法。根據個人非嚴格的統計結果，很多人是「知道」，但會找一大堆理由不去「做到」，猜測這個發問者極有可能是這種心態。

（註❸）：「彼得原理」由加拿大管理學家勞倫斯·彼得（Laurence. J. Peter）提出，創設了層級組織學（Hierarchiolgy）。

④ 如果他覺得自己獨立製作心智圖很困難，而想要模仿或是改寫別人的心智圖，我會勸他最好不要老是把自己定位在山寨者的角色中，更應該給自己斷了後路的想法，在沒有想破頭之前，都不要先看別人畫好的心智圖。別忘了，前面書中有提到成長者心態是好上加好的成功關鍵。我相信他只要依照本書中所提的例子，自己老老實實地全做過一遍後，就不會再問我這個問題了。

⑤ 如果他沒有看完這本書，卻問了這個問題，我會奉勸他別尋找捷徑、別想一步登天，世界上會對你說有一步登天方法的人，只有騙子。建議他還是老老實實地把書看完吧！仔細看完後，有問題歡迎再來問我。

⑥ 剛剛都從原因角度來談，最後這一點從結果角度來談。光用眼睛看的學習與吸收效果，看再多次都不如「動手做一次」的學習與吸收效果。光說不練是假本事。要求自己每次都要親自動手畫心智圖，正是展現與訓練自我控制力的好目標。（註❹）

Q6. 真的人人都能學會心智圖嗎？

第二種問法：「我似乎沒有天分，我真的能把心智圖畫好嗎？」
第三種問法：「我覺得心智圖好難，我真的能做到跟你一樣好

（註❹）：《科學人雜誌》2015 年 9 月號：「自我控制（而非自尊），是成功生存以及與他人共存時不可或缺的能力。對自己的思考過程、情緒和行為有較佳控制力的人，不只在學校和工作上表現較好，而且比較健康、富裕且有人緣。這些人也有比較良好的親密關係以及受到他人信任。」「自我控制，控制自己的衝動和慾望，換個說法就是改變自己，這是我們適應環境最關鍵的方法之一。」

嗎？」

以上三個問題，我的回答其實是一樣的。

根據美國大數據分析，會把非小說類的書籍看到最後一章的人，少之又少（註❺），我懷抱著只有極少數的人會看到這一篇文章的決心，寫下這篇回答。

既然你屬於那極少數的人，我請你暫時先放下心智圖這個話題，先耐性聽聽我講兩個我自己的陳年往事。

在離開學校前，我一點都不想站在一群人面前，讓大家把目光焦點放在我身上。我的內心有強大的「不想出鋒頭」的慾望，總是主動站在人群背後，當個沒有聲音的人，是我內心最舒適的模樣。

第一份工作時，負責課程訓練的前輩，可能是神來一筆，在聊天中突然問我這個剛進公司一個月的新人，要不要負責講一堂課，當時我可能是腦袋突然被雷打到吧，立刻就答應下來，並且想辦法做最好的準備。第一次站上講台就面對著四十位年紀都比我大的男性，我分分秒秒處在心跳一百的緊張情緒下，很平順地講完兩小時的內容。（學員課後評價不錯，我想平順是比較中性字眼，當時更可能是平凡吧？）

多年後我決定踏出舒適圈，先從試著站在講台上開始。當時還處於培訓階段中，某長輩當著我的面（旁邊還有幾個跟我一樣正在受訓的人）說：「你一點都不適合做這件事情，還是早點放棄好了。」當下的我心想：「我確實做得不太好，不過你是憑什麼標準來斷言我毫無進步空間呢？」

過了一個多月，我改詢問了某位很有表現力的資深講師，想知道如何進行自我訓練？他回答我：「或許有人是練起來的，但我是天生

（註 ❺）：《數據、謊言與真相：Google 資料分析師用大數據揭露人們的真面目》，賽斯・史蒂芬斯―大衛德維茲　著，商周出版，2017 年 7 月。作者在書中最後一頁表示，多數人只會閱讀前五十頁，了解幾個重點後，就繼續過自己的生活。

的。」當時聽到這個答案時，我心想：「你真是鬼話連篇！」「你肯定是講不出所以然來，或是你根本不想把訣竅告訴我。」

古云：「勤能補拙。」我運用了大數據精神（當年還沒有這個詞彙），基於過去生活的觀察經驗與名人傳記的閱讀經驗，就算沒天分的我，應該也能經由練習而達到進步吧，沒有達到 100% 完美，拿個 80% 總有可能吧！

我獨自擬定了自我練習的目標（目標設定），基於這些目標下再擬定練習的步驟與行動（行動計劃），每天每天地反覆練習（熟能生巧），每天檢討（及時回饋）。

經過一個月的準備，第一次的全套三十五小時課程後，這群年齡大我十多歲的學員，看出我是菜鳥老師，但他們誤以為我在該領域授課應該有一年經驗了。「啊哈！他們認為我有一年教學經驗了，其實這是我的第一次啊！」這一點反差讓我開心得不得了！

說實在的，過去的我講不出來到底是基於哪一點，就認定自己一定可以在講師領域上有任何小小的成就。我只懂得這麼說：「連我這種幾次在事前或事後被自己很尊敬的人，當面明示或暗示沒有天分的，持續做到最後都能有小小的成就，你若跟我一樣堅持，必定也能有所成就。」

但，我可以從對方的表情與眼神中看出，大概有一半或超過一半的人，應該還是心想：「那是你有天分，所以你才能練出成就。我應該是不可能像你這樣的。」

我從小學五年級到國一的數學一直呈現不好也不壞的狀態，同時我對數學是毫無興趣，升上國二時換了班也換了數學老師，經由這位大學剛畢業三年的新數學老師教導一個月後，數學成績大幅度提升，我也開始對數學產生興趣。這幾年我常到國中教導數學老師如何融合心智圖在數學教學中，一定會藉機會分享我的國二數學老師的教學手法。

某次被資深數學老師當面毫不修飾，也很針對性地說：「那是你有

數學天分，所以你可以讓自己的數學變好，很多學生是毫無數學天分的，是怎麼教都教不會的。」其實用很簡單的邏輯推演，就能證明這位資深數學老師的論斷根本是錯誤的。

當時我很想反駁他，我知道這位資深數學老師的論點是錯誤的，他已經這麼下斷言了，用邏輯來反駁他，他肯定要玩起文字遊戲來跟我辯論到底不可，所以我非要有強力的科學根據來說服他才行，但當時的我毫不知道該用什麼樣的科學根據來反駁他。

「學東西，真的要有天分嗎？」

「不管有沒有天分，真的人人都能學會任何事情嗎？」

多年來我不斷地尋找這兩個問題的科學研究的答案。

心智圖跟數學一樣，也跟上台講話一樣，是一種技能。以下引用《刻意練習》中的部分結論來證實**學習技能，不需要有天分**：

1. 天分是基於訓練而來，並非某種天生的基因程式設計。
2. 具備適應力的大腦，面對刻意練習的重大改變，就是發展出更精細的心智表徵，而這些心智表徵反過來又打開了改善表現的新可能性。
3. 優等、傑出、頂尖之間的差異在於大量練習。
4. 獨自練習是表現進步的最重要因素。

因此，**把重點放在了解自己有沒有天分上，這是錯誤的思路。應該把重點放在練習、練習、再練習上，以提高我們的心智表徵。**

心智表徵是《刻意練習》一書中的關鍵基礎：

1. 關鍵用處在於協助處理資訊：理解、詮釋、存入記憶、組織、分析、做出決定。

2. 可讓人突破短期記憶的限制到何種程度，以留住讀取到的資訊。

3. 在某個主題上投注的心力越多，心智表徵就越精細，理解、消化新資訊的能力也越強。

4. 高度發展的心智表徵有一項重要優勢：可同時吸收、考量更多資訊。

5. 可藉由刻意訓練，而變得更有效率。

6. 磨練技能可以改善心智表徵，心智表徵又有助於技能進步。

7. 有助於制定計劃。

8. 有助於學習。

心智圖正是訓練我們的心智表徵最好的方法，也是調整與提高心智表徵最好的方法。 (註 6)

（**註 6**）：《刻意練習：：原創者全面解析，比天賦更關鍵的學習法》，方智出版社，2017/6/1。書中講述如何進步到優秀，再進步到傑出，再進步到頂尖的各種研究與練習方法。

7

Chapter

我們從心智圖得到的好處

 社會菁英篇

 中、小學生精進篇

1‧社會菁英篇

▼ 周佳慧（企劃人員）：

在資料滿溢的時代，如何快速抓住需要的「資料」將之轉換為有用的「資訊」，在某些領域已是一項專業工作，但個人進修又如何選擇適合的技術滿足這樣的需求？心智圖是知名的代表，但知道是一回事，懂得使用與運用又是另一回事。

我喜歡探索訊息與進修，然而面對不同領域的一大堆書籍，如何在更短的時間解讀又是另一門需要學習的技術；透過日本閱讀效率女王——勝間和代的著作，我更了解隨時隨地的速讀之於提升自我的重要性。

為了要跳脫傳統速讀機的學習方式，買了好幾本書，卻仍不知如何下手，還差點要飄洋過海到最近的「北京」上課，無論時間金錢的成本都相對提升，令人卻步。

心智圖結合速讀的技術，簡單來說就是將資料用人性化的簡化技巧，讓頭腦有效吸收。還好等待是值得的，經過一陣子努力搜尋後，終於找到胡雅茹老師的速讀與心智圖課程，完成學習清單上的項目。這趟學習經驗除了滿足自己，並學會在工作上整理與吸收寶貴的資訊，更了解到學習可以因為愉悅、平靜的心，提升一生的學習能力，有效率又快樂地活到老，學到老！

▼ 許嘉芳（會計）

背誦一直以來是我無法克服的心結。面對數理能力強的我，只有接受「數理能力強的人，背誦能力就弱」的這個觀念。出社會多年後，發現背誦有時也很重要，故選上了胡老師的記憶課程。有關心智圖，這是我

第一次接觸到，剛開始懵懵懂懂，練習不會時就再向老師詢問。

最近迷上了「古典」的書籍，需要背下大量的古文詩詞，於是馬上欣喜地把跟胡老師學習的背誦方式拿出來使用。一開始還能夠解決，但是大量背誦後，發現最重要的是想像力不夠豐富的問題。剛開始還是會咬著牙背下去，最後眼看又要放棄了，但是又因為太喜歡古典詩詞，不想放棄，所以只好把心智圖拿出來試試。

這麼一試不得了了，學習→理解→背誦本來要約 21 小時才能背完，現在使用心智圖後，學習理解、背誦只要 6 小時，效率提升 3.5 倍。

使用心智圖後，發現不只是在背誦方面好用，還有在資料整合方面也很適用。

現在我讀任何書，若想記下書中內容資料，已經不再像以前一樣寫下一大串文字，想回頭找，翻來翻去有時還找不到，等看完書，過了一星期對此書的印象也所剩無幾，總是下決心等有時間再重新看一次。但是新書一直推陳出新，每本舊書能再重頭看一次的機會，還真是少之又少。

現在我看書都已經習慣用心智圖畫下來，看到觀念連接的地方，回頭一找馬上就能再接著補充，對書的內化幫助很大。如果想回頭看，只要再把該張心智圖拿出來就好，花不到太多時間，又省下書籍堆放的空間。最重要的是，也能在看完不同書後，用心智圖匯整心中的想法與看法，達到老師所說的「比較式閱讀」。

感謝胡老師一路以來，不斷提醒我心智圖的使用方法，並在沒有給我壓力的情況下，不時提醒我使用心智圖來幫助自己。心智圖真的使我受益

良多，感謝心智圖發明人，但最感謝的是——把心智圖各種運用關鍵無私地教給我使用的胡雅茹老師。

▼ 洪英傑（資訊業工程師）

在我學了心智圖之後，將它應用在我的工作上有很大的幫助，尤其是資訊系統的工作常常要用到很多種不同的知識。

在沒學習心智圖之前，因為資訊工作上可能半年或一年就會有新的技術要學習，常會趕不上新技術。而運用了心智圖的方式之後，可以很快的將新技術的重點整理在筆記本上，並且能快速的整理出重點，更有效率的學會新技術，複習起來也容易多了，再畫上圖像可以幫助記憶加深，對工作上有很好的幫助。

▼ 莊虹琪（食品業研究人員）

學習使用心智圖這個工具已經有一段時間了，越使用就越覺得這是一個活的工具，可以將腦袋裡的東西重新整理再組合，讓思考脈絡更清晰，是一個能創造出自我表達風格的工具喔！

我除了用來做筆記，讓書中的重點更趨於簡單明瞭外，也很常將它用在上台報告，只需小小一張就能有效掌握報告時的內容及時間；近來也開始將心智圖運用在工作上，用它來思考及檢視自己的實驗設計是否有疏漏，讓整個實驗的架構更完整。

▼ 曾雅治（銀行業資訊人員）

學習心智圖前，對於大量資料的整理，常以條列式彙整出重點，但無法記憶長久。在學習心智圖放射性思考及圖像的結合後，不但有助於思考、組織、分析及歸納，並可增加、創造屬於自己圖像及色彩記憶的樂趣。

在職場運用方面，對於上班族的我，有助於將工作的相關流程及文件，以「關鍵字」減化並以脈絡延伸出精簡有條理的摘要，同時可運用於會議的記錄，讓工作效率倍增。另在會議中必須深入詳細報告多種議題時，亦可於會前繪製心智圖，做有技巧的摘要歸納，除可避免重要細節遺漏外，並有助於議程掌控流暢。

在生活運用方面，由於個人喜歡閱讀，但容易遺忘當下有所感觸的觀點，學習心智圖技巧後，可經由內化後的關鍵文字，製作出屬於自己的另類讀後感或書籍的重點，並易於日後快速回憶連結書籍的精要，同時可節省重新閱覽、搜尋遺忘資訊的時間。

▼ 鍾定勳（統一資訊軟體工程師）

學習心智圖的最大好處是，除了可以把想法用文字及圖像整理、表達出來外，另外就是藉由心智圖，可以讓每個想法都以視覺化形式呈現其彼此之間的脈絡，讓人一目了然其思路的整體架構，有助於系統化思考及圖像記憶哦！

▼ 吳雅芳（英語老師）

學習心智圖的繪製技巧之後，我嘗試在兒童美語師資培訓課程聽講時，用心智圖的方式寫筆記，將老師在課堂上講解的豐富內容與實例，依照不同的主題邊聽邊畫。一張心智圖記錄一個主題，一條脈正好收納一個觀念，不但可以快速把老師提到的重點用關鍵字記錄下來，還可以同時將舉例寫在後續的支脈上，使用起來覺得非常方便又有效率。一個月的課程結束後，我的筆記就是一頁頁心智圖，同學看到都說這樣的筆記看起來賞心悅目又清楚，搶著要借去影印呢！

▼ 阮俊興（資訊業工程師）

我是一個滿愛看書的人，而且因工作上的需要，也要看一些工具書，所以買了一堆書。在開始看的時候，會覺得有些方法或觀念很好，想要找機會使用，但是在看的時候都不會用到；等真的要用的時候，才會想起來好像在哪裡有看到，但是到時候都不記得了，還要花時間找。後來有機會和胡老師學心智圖，學著畫心智圖，就容易把重點寫下來，而且以前用條列式的筆記，要找內容也要從頭開始找，用心智圖就很清楚的知道重點在哪，也方便記得，真的是一個很好的方法！

▼ 陳心儀

胡老師的方法都很實用，我不會忘記在第一堂課時老師說的：「我是一個教練，不是一個老師，所以我教你們的方法都要練習，不是聽聽就算了。」我沒有想過能在幾個小時的課後，能有脫胎換骨的感覺。課堂上老師不僅教我們很實用的方法來解決效率問題，還教我們如何解決與減少生活上的壓力，教我們如何身心健康與生活愉快。

▼ 林奇（退休人士，62歲）

這幾年退休後，每天的日子都很輕鬆，爬爬山、打打麻將、唱唱卡拉OK，除了帶孫子之外，說真的也沒有什麼煩心的事情。後來開始發現自己跟社會還是有點漸漸脫節，記憶力越來越差，反應也變慢了，有時候孩子講的話必須要想一下，才不會有誤會。在胡老師幾堂課中，我發現原來頭腦不用會衰退得比身體還要快，學心智圖之後，現在甚至連年輕時都記不起來的事情，都記得起來了。我在這裡學到的真的很多，還要繼續加油下去，謝謝大家。

▼ 張天來（系統工程師）

以前我就是一個很會考試的人，考試前一天隨便念一念就可以了。但是這種小聰明對我的工作並沒有幫助，因為每天的工作挑戰都是全新的開

始。我很高興我能在現在學到這種更有有效率的動腦筋的方法。

▼ 林禾懋（業務副總）

我是被胡老師所說的：「要有競爭力，就要結合左腦邏輯與右腦創意，讓大腦一起運轉才行。」這句話給吸引來的。現在學習後終於明白，為什麼要全腦一起用才是真正有效率的使用大腦的方法。上個星期我在區域業務大會上，用這裡學的方法讓我贏得所有人的掌聲。

▼ 羅金珠

創意學習很有趣，上課時有實例做佐證很具說服力，善用優勢，發揮專長，激發創意，彩繪人生。

▼ 胡翠屏（創藝堂負責人）

創意訓練就是把夢想具體化的教育訓練（經邏輯整合後化為具體行為），任何計劃都需要精煉過程，才能去蕪存菁。

▼ 林熒姍

用平凡的想像 & 創意，激發更多發揮的空間！原本以為是理論（枯燥乏味），但胡老師上起課來很活潑。

▼ 鄭明雄

讓我用更多不同角度去思考。

▼ 中華職訓中心‧影視編導班 22 號

謝謝雅茹老師輕鬆活潑的教學，激發我們學習的動力，更增強想像力。

▼ 中華職訓中心‧影視編導班 27 號

應該早點接觸這個課程，胡老師授課內容很豐富。

2·中、小學生精進篇

▼ 陳思妤（高中三年級）

快要考試了，我本來很擔心書念不完怎麼辦？現在我學到這麼棒的方法幫助我記憶、幫助我抓重點、幫助我複習，我對考試越來越有信心。

▼ 林炳榮（高中二年級）

沒有想到念書可以這麼輕鬆簡單，而且我的創意也被激發了，真希望我以前就會這些方法了。

▼ 劉浩睿（國中二年級）

吸收速度加快了，在抓重點方面速度快了，能力提升了。

▼ 王瑤（國中一年級）

我學會了好多東西，比以前學習更快了，思路更清晰了。

▼ 李嘉慧（國小六年級）

非常有趣，讓我有了超快的記憶。我終於會快速的背詩了，我要謝謝胡老師。我愛上思維訓練課。馬上要考試了，我希望能用上老師教的方法。

▼ 魏宗元（國小五年級）

我變厲害了。我記古文變快了。我記文章變快了。我會畫心智圖了。我有自信多了。我收穫真大。

　　魏宗元是一個有著完美主義的孩子，希望拿出來的每一樣東西都是讓人覺得很棒的，於是顯現在外的行為就是拖拖拉拉、不乾脆，家長反

應以前寫作業太慢，經常寫到晚上十點多。

宗元其實不是一個反應慢的孩子，只是過去因為常常顧忌要表現出完美的結果，在腦中反覆思索而忘了現在老師正在上課，應該要專心聽課，有問題下課後再問老師就行了。於是老師課講到別的地方，他還在思索剛剛的問題，日積月累下來，這樣的習慣讓宗元的爸爸不禁懷疑自己的孩子理解能力有問題，不懂得怎樣理解別人所說的話。曾有一次語文成績不盡人意考了 70 多分，宗元媽媽氣得不得了，因為宗元所有的答案都只寫了一半，被扣了不少分數。

宗元的爸媽並不是很要求孩子成績的家長，但是因為孩子很聰明、卻沒有辦法將聰明程度體現在成績上，加上小學畢業考試即將到來，於是父母很急於讓孩子提升學習效率。但其實只要他明白了、理解了，宗元都能很快的舉一反三。在兩個月的課程後，宗元媽媽很高興的說：

> 跟胡老師上課後，學校老師反應孩子學習變積極了，寫作業快了，學習精神狀態比以前好，學習情緒比較高，學習信心也提高了。已經很久沒有學習的繪畫課，現在也主動要求要繼續上課了。每次來上課孩子都很高興。

▼ 張天琛（國小四年級）

自從跟胡老師學習心智圖後，對我產生的幫助很大。首先記憶力得到了提升，我很輕鬆的就可以記住。在語文方面，我也找到了學習的捷徑，主要是在抓住文章中心思想方面，讓我對課文有更深一步的瞭解；在作文方面，能運用一些好詞佳句，使我的作文更優秀。我可以規劃我的日常生活，應用起來非常靈活。現在我的思維開發了，頭腦更聰明了，我要永遠考第一名，我還要繼續學習思維課程！

　　看到張天琛，你一定不相信這是一個小學四年級的孩子，因為他的個頭很小，跟二年級的男孩子差不多高。因為是早產兒的關係，讓媽媽很擔心天琛的發育比一般人來得慢，於是媽媽讓他大量的學習各種才藝課程，如鋼琴、跆拳道等，天琛也不負媽媽的期望，每次學校考試都是全班第一名。自從來上課之後，天琛省下了很多學習的時間，個性好強的他，還多報名了奧林匹克數學課程，就是希望成績永遠保持領先，不讓同學有機會贏過他。

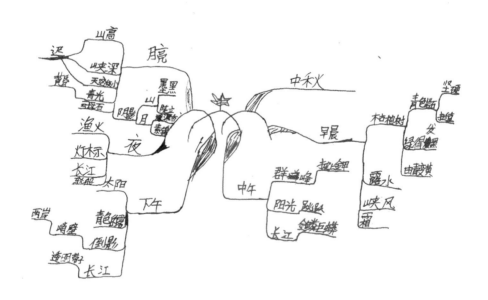

◆ 主題：閱讀〈三峽之秋〉後所繪的心智圖
　　繪製人：張天琛（青島國小四年級）

國家圖書館出版品預行編目（CIP）資料

心智圖超簡單【全新增訂版】／胡雅茹著 . -- 二版.
-- 臺中市：晨星, 2018.09
　面；　公分. --（Guide book；373）
ISBN 978-986-443-475-6（平裝）

1.智力 2.思考 3.創意

176.4　　　　　　　　　　　　　　107010001

Guide Book 373

心智圖超簡單【全新增訂版】
一張紙、一枝筆，教你如何繪製有系統的心智圖

作者	胡雅茹
編輯	余順琪
封面設計	耶麗米工作室
美術編輯	林姿秀

創辦人	陳銘民
發行所	晨星出版有限公司
	407台中市西屯區工業30路1號1樓
	TEL：04-23595820　FAX：04-23550581
	行政院新聞局局版台業字第2500號
法律顧問	陳思成律師
二版	西元2018年9月15日
二版五刷	西元2023年4月01日

讀者專線	TEL：02-23672044 / 04-23595819#212
	FAX：02-23635741 / 04-23595493
	E-mail：service@morningstar.com.tw
網路書店	http://www.morningstar.com.tw
郵政劃撥	15060393（知己圖書股份有限公司）
印刷	上好印刷股份有限公司

定價 320 元
（如書籍有缺頁或破損，請寄回更換）
ISBN：978-986-443-475-6

Published by Morning Star Publishing Inc.
Printed in Taiwan

本書重新改版自2010年9月出版的《心智圖超簡單》，入選海峽兩岸出版交流30周年優秀版權圖書。此次由作者親自刪修文字、增補手繪心智圖，圖片、內文、標題皆重新整理，展現全新風貌。

加入晨星

即享『50 元 購書優惠券』

回函範例

您的姓名： 晨小星

您購買的書是： 貓戰士

性別： ●男 ○女 ○其他

生日： 1990/1/25

E-Mail： ilovebooks@morning.com.tw

電話／手機： 09××-×××-×××

聯絡地址： 台中　市　　西屯　區

工業區 30 路 1 號

您喜歡：●文學 / 小說　●社科 / 史哲　●設計 / 生活雜藝　○財經 / 商管
（可複選）●心理 / 勵志　○宗教 / 命理　●科普　　○自然　●寵物

心得分享： 我非常欣賞主角…

本書帶給我的…

"誠摯期待與您在下一本書相遇，讓我們一起在閱讀中尋找樂趣吧！"